营销其实很简单

Really Simple Marketing

赵一沣 著

北京师范大学出版集团
BEIJING NORMAL UNIVERSITY PUBLISHING GROUP
北京师范大学出版社

图书在版编目 (CIP) 数据

营销其实很简单/赵一沣著. —北京: 北京师范大学出版社,
2007.4 (2009.4 重印)
ISBN 978-7-303-08460-9

Ⅰ. 营⋯　Ⅱ. 赵⋯　Ⅲ. 市场营销学　Ⅳ. F713.50

中国版本图书馆 CIP 数据核字(2007)第 032130 号

营 销 中 心 电 话	010-58802181 58808006
北师大出版社高等教育分社网	http://gaojiao.bnup.com.cn
电 子 信 箱	beishida168@126.com

出版发行：北京师范大学出版社 www.bnup.com.cn
　　　　　北京新街口外大街 19 号
　　　　　邮政编码：100875

印　　刷：北京新丰印刷厂
经　　销：全国新华书店
开　　本：170 mm × 240 mm
印　　张：9
字　　数：100 千字
版　　次：2007 年 4 月第 1 版
印　　次：2009 年 4 月第 2 次印刷
定　　价：25.00 元

责任编辑：甘　莉　戴　轶　　美术编辑：高　霞
责任校对：李　菡　　　　　　　责任印制：李　丽

导论：营销其实很简单

"营销很复杂、糟糕、艰难、甚至痛苦！"

"你在撒谎！你说的不是营销。你说的是缠身多年的疾病！"

"我的营销失败了！"

"你的营销根本就没有失败过！"

从小到现在，我下围棋从来没有输过。我不会下围棋，从来没有下过，自然就没有输过。如果根本没有真正做过营销，又怎么会有营销的失败？

你的企业在忙什么？是忙着如何基业常青，还是忙着如何从优秀到卓越？事实上，绝大多数企业真正应该忙的是如何从普通到优秀，但又有多少企业能做到呢？

失败的企业，失败的原因永远也分析不完，但成功的企业，必定起始于成功的营销。成功营销的第一步就是，真正开始去营销！别再盲目抱怨营销面临的糟糕状态，不需要煞有介事地评论成败！绝大多数企业，第一件要做的事情，就是必须实现从销售到营销的跨越。

正像一个想管理所有问题的制度，最后什么也管理不了一样；一本想解决所有问题的书，最后什么问题也解决不了。所以这本书仅仅想解决一个问题，就是如何实现从销售到营销的跨越！

要实现这个跨越，首先就必须承认，营销其实很简单。尽管满天飞的营销理论让你不知所措，尽管我们的营销总监，还搞不清他与销售总监有什么区别！你都必须相信，所有的营销只能有两个简单的结局——要么"杀人"，要么"被杀"！这不是恐怖宣言，是绝大多数商业领袖对现代营销的评价。

营销很难吗？大约不会比杀人更难吧。杀人很难吗？杀人只需一刀！真正的营销也必须同样简单。确切地讲：只有简单才能真正去营销！简单营销，不是简化营销，不是用最直接的方式去营销，而是用最简单有效的方式去营销！

营销是一种资源争夺的游戏，资源是营销的基础。我见过的所有企业都会羡慕别人的资源优势，但没有任何企业主动放弃自己的努力，原因就是，没有人可以完全拥有世界上任何一种资源。每个人最大的资源就是时间，但时间每时每刻都在流失，最勤奋的人也不可能一天享有 25 个小时。

营销是一场智慧的比赛，尽管我们都在渲染营销战争的激烈，但谁都不想像移动和联通一样短兵相接。营销必须与他人展开竞争，但更重要的是必须不断超越自我。营销状况很好，并不是说已经很优秀，而是身边所谓的竞争对手做得太差！纵观所有失败的营销，极少是真正被别人击败，绝大多数都是被自己绊倒的。

营销是一轮群体的博弈。就算你的企业猛将千万、智者辈出，放到市场上，也难免沉没于消费者的汪洋大海。你想征服的消费者群体越大，你所能团结的消费者群体也必须更多，营销不能简单！

营销不能简单，真的是因为企业追求完美的坚持吗？绝对不是！所谓的追求完美，不过是别人用来恭维你或你自我欺骗的美丽借口。德鲁克早就断言：完美并非一个组织的特征。

营销不能简单
只有两个原因
第一是眼高
第二是手低

很多企业每天关注着战略，请来口碑最好的咨询公司，甚至把战略做得像通用一样好看，但他们还是倒下了，原因就是他们的眼光太高。通常别人成功之后总结出来的方法，恰恰就是你在通向成功的奋斗中毁灭自己的手段。营销战略并不是标准化考试！标准化考试的规律是：10个人都选一样的答案，就10个人都通过。营销战略的规律是：100个人都选一个答案，就必须有99个出局！

很多企业每天关注着细节，认为细节决定了成败。很多把细节重视到了6个西格玛程度的企业，仍然没有逃过倒闭的结局，原因就是他们的手太低。他们太迷恋销售了！小企业销售产品，大集团销售企业。营销的根本是创造和获取，天天按照所谓的木桶理论研究那几块板，其实不是创造，更谈不上获取。

我们一直关注领导与管理的辨证关系，其实营销与销售的关系同样微妙。并不是说哪一个更重要，而是必须了解如何从销售过渡到营销。销售与营销之间只隔了一层薄纸，点破这层纸，只有一个简单的方式——跨越！

销售是长跑，完成任务没有尽头；销售也是跳高，年度目标不停地上升。但营销是110米栏。你看过刘翔参加的比赛吗？营销与110米栏一样，要求的是速度、耐力和技术三者合一！

我们可以用小步快跑的方式参与竞争，可以用只比别人快半步的方法获胜，可以躲在学习型组织的迷宫里进行第五项修炼，但这些能

3

维持多久呢？真正的简单就是把握规律。正是忘记和违反规律，使战略和细节在营销领域遭遇滑铁卢！

市场营销学本身就是一门研究市场营销活动及其规律的应用科学。只关注活动，而忽略规律，营销来、营销去，最后只会失败。

营销怎样才能简单呢？
只需要做到两点
第一是想得通
第二是做得到

为什么营销的理论那么复杂？因为还没有融会贯通。成功的企业有一千个方法，拿来就用，这一千个方法只会是有害无益的。咨询公司规划出一万条大路，要是完全按照他们的规划行动，没有一条可以通到罗马。所有营销大师讲出的理论都有一个共同的特点——简单而朴实。为什么营销的执行那么艰难？因为还没有真正做到！做得到的再不容易也是简单，做不到的再容易也是困难。所有成功的营销实践者，做事都有一个普遍的风格——简单而专注，所以他们做得到！

营销真的可以很简单吗？是的，而且营销必须简单！当你读完这本书就会明白，营销本来就是这么简单！

所有的为什么，都是为了销售而销售造成的痼疾，这个痼疾完全可以一次性解决掉，唯一的方法就是：真正去做营销而不再沉迷于销售！在销售低迷时才考虑营销，是假营销！在销售开始时才考虑营销，是伪营销！

营销唯一的规则，就是赢利！赢利规则是企业营销中随时都会遁去的，但惟有赢利规则的运用，才能够使企业真正去营销。企业营销的战略，必须解决的问题就是：如何在消费者和竞争对手的夹缝中赢利。

必须摒弃暧昧和模棱两可的销售逻辑，运用毫不做作的营销逻辑——强盗逻辑！营销真正要做的事不是自己去创造资源，而是与时俱进地把最好的资源掠夺到自己的阵营。时刻思考如何布局，如何配置资源，这几乎是营销逻辑有效性的全部。

第四部分：穿越理论　*59*

销售者总是身陷在理论的迷宫里无法自拔,而营销者必须能够轻松地穿越所有理论。穿越所有产品理论,产品就是拳头;穿越所有价格理论,价格就是杠杆;穿越所有渠道理论,渠道就是品牌……

第五部分：突破技巧　*77*

销售者总是试图把销售的技巧练到极至,但对于真正的营销者来讲,营销没有技巧。是走火入魔地销售,还是实实在在地营销,关键就在于,能否突破技巧这个美丽的神话。

第六部分：三维动作　*95*

营销是必须覆盖经营、管理、销售三个维度。你可以选择任何一个作为重点,但不能缺失任何一个,这就是营销的核心价值链:经营＋管理＋销售。牢牢把握住这条核心价值链,就是从销售到营销的跨越的关键!

第七部分：从征服到影响　*113*

美国营销大师爱玛·赫伊拉曾说:"不要卖牛排,要卖煎牛排的滋滋声。"滋滋声也是一种刺激。颜色是视觉的刺激,声音是听觉的刺激,味道是味觉的刺激,手感是触觉的刺激,感受是体验的刺激,刺激在你的营销中,无处不在。

篇尾寄语：拥有自己的模式　*131*

1

营销者战略时代来临

> "这是最好的时代，这是最坏的时代；这是智慧的时代，这是愚蠢的时代；这是信仰的时期，这是怀疑的时期；这是光明的季节，这是黑暗的季节；这是希望之春，这是失望之冬；人们面前有着各种事务，人们面前一无所有；人们正在直登天堂，人们正在直下地狱。"
>
> ——狄更斯《双城记》

　　每个新时代的来临，都伴随着矛盾和纠葛，2005 年以来的营销恰恰映证了这一点：本来寻找自己与世界 500 强差距的企业，发现越来越多的反而是差异。所谓的营销军规，再也指挥不了营销铁军；所谓的营销创新，怎么咀嚼都好像似曾相识。

　　现在的营销不能谈过去，人们说营销生存的第一定律是：没有什么比昨天的成功更危险。现在的营销也不能谈现在，人们说营销发展的第一定律是：短期利益膨胀是最具杀伤力的毒药。现在的营销更不能谈将来，营销人都知道的最基本定律是：市场变化的速度永远快过营销变化的速度。我们只能把过去、现在和未来的营销融合在一起来思考，这种思考，必然把营销引入一个新的时代。

现在的营销不能讲西方理论，世界最大的企业——沃尔玛，在你家门前也没有真正天天低价；营销大师菲利普·科特勒来中国，也只想跟你探讨点中国营销的具体问题；最知名的咨询公司麦肯锡，自己都不知道什么时候能进世界500强。现在的营销也不能讲中国式的东方逻辑，海尔、联想、TCL们都在过一道坎——走出去；华为的说法更经典：你是民族的你就不是世界的。现在的营销，我们只能把东西南北规划在一个版图上行动，这种背景上的实践，必然把营销推进一个新的时代。

我们预测未来将是消费者战略时代。谁将是最终的营销法官？消费者！消费者的满意和忠诚，最终决定企业的生死。我们预测未来会是竞争者战略时代，超越不了竞争对手，消费者阵地只能拱手让人，核心竞争能力将决定营销的成败。我们从幼稚园开始培育未来消费者，我们甚至试图描绘2050年世界500强的成功基因，但不管怎么样，一个营销者战略时代都即将来临。

- 消费者被视为上帝
- 竞争者成为营销关注的焦点
- 整个社会和营销界有意无意地做出了一个最不明智的选择
- 漠视营销者的存在

科特勒认为：营销是辨别和满足人类与社会需要的学问。美国营销协会认为：营销是用以引导商品和服务，从生产者向消费者流动的商业行为。这些营销的经典定义，在精确描述营销这个概念的同时，默契地忽略了运用营销理论和实践营销行为的主体——营销者。里斯·特劳特在《营销战》中断言需求至上的时代已经终结。营销需要面对竞争的新哲学，《营销战》很准确地描述了营销将领的特质，可惜的是同时认为"优秀员工"是个谬误。

其实科特勒早就为营销下了标准的定义：营销，是个人和群体通过创造，并同他人交换产品和价值，以满足需求和欲望的一种社会和管理过程。我们关注产品价值的交换和需求欲望的满足，我们甚至关注创造和管理过程，但我们一直忽视那些主宰营销的个人和群体。是谁在沟通消费者？是谁在抵御竞争对手？最悲哀的是企业通常把营销称作一线，似乎冲锋陷阵、流血牺牲就是营销者的天职。其实营销者是一个封闭的环，营销者是营销链中缺失的一环。

营销说到底，无非就是决策和执行两个环节。我们痴迷于研究如何决策和改善执行，忘记了营销者才是决策和执行的核心。我们挖空心思地进行营销定位，我们筋疲力尽地整合营销传播，我们甚至把营销扔进蓝海和红海，这绝对是没有任何借口的水煮营销。

- 但我们却连营销最根本的问题也没有搞清楚
- 到底谁是营销者
- 营销者必须做什么
- 营销者应该怎样做

从来没有人真正关注过营销者。营销者战略其实就是营销者对未来的选择。开启一个关注营销者战略的时代，已经成为营销本身实现升级跨越的必然！

1.一次性解决销售的十万个为什么

为什么该做的都做了，销量还是上不去？

为什么产品的销量越来越大，利润却越来越少？

为什么品种越来越多，市场份额却越来越小？

为什么产品的生命周期越来越短,竞争对手模仿的速度却越来越快？

为什么别人的产品质量比我们差，价格比我们贵？

为什么别人的价格比我们贵，卖得还比我们多？

为什么别人一次一次提价，卖得却越来越火？

为什么我的价格一降再降，却还是越卖越少？

为什么渠道越来越多，配合的程度越来越差？

为什么渠道已经扁平得不能再扁平，费用还是越来越高？

为什么网络越来越规范，串货斗价反而更猖獗？

为什么返利越来越多，经销商赚的钱越来越少？

为什么广告做得越来越多，知名度越来越小？

为什么公关活动越来越轰动，美誉度越来越差？

为什么促销频次不断增加，口碑还是树立不起来？

为什么推广费用一旦减少，品牌就好像立刻缩水？

为什么服务越做越好，客户的投诉却越来越多？

为什么完全按照客户的要求做了，不满意的越来越多？

为什么调查的满意度越来越高，忠诚度越来越低？

为什么客户越来越挑剔，购买量越来越少？

为什么销售人员的学历越来越高，业绩却越来越低？

为什么制度越来越严格，销售人员的呆账越来越多？

为什么待遇越来越好，对销售人员的激励作用越来越差？

为什么培训越来越专业，销售人员跳槽的却越来越多？

……

销售的确有十万个为什么，而且每个为什么都很令人头疼。更头痛的是，你解决的为什么越多，衍生出来的为什么就会更多。如果我们写一本书叫《销售的十万个为什么》，相信绝对是一个很好的题材，也许会更畅销。但这样一本书畅销书，完全没有出版的必要。所有的这些为什么，都是为了销售而销售造成的痼疾，这个痼疾完全可以一次性解决掉，唯一的方法就是：真正去做营销而不再沉迷于销售！

你肯定觉得这很难接受！就这样简单的一句话，就把销售的那么多为什么一次性统统解决掉了？你现在完全可以质疑这个方案，但也必须接受一个事实：世界上没有任何证据表明，销售的问题一定要用销售的方法解决。销售本身，根本不能完全解决自己的问题，这正如一个外科医生不能给自己做心脏手术一样！

实际上，真正的营销在销售开始已经基本结束！请注意，这与所谓的营销的最高境界就是使销售成为多余的说法，截然不同。营销并不是为了消灭销售而存在，营销是为了使销售更舒畅而存在。从销售到营销的跨越，最大的实践价值就在于，我们能够通过营销去解除销售本身无法解决的难题！

2.沉迷销售所以不能营销

你还在沉迷于销售吗？如果你仍然因为产品销量低迷，就降低价格加奖励；如果一出现呆坏帐，你就说人员素质差，打官司抓人；如果竞争对手模仿，你就手足无措，那么你还沉迷于销售没有真正开始营销。

很多企业为了证明，自己已经进入营销的境界，确实做了很多工作，甚至花了很多心思。他们把促销员更名为营销代表，把销售副总封为营销总监，建立一个庞大的市场部指挥销售部，请来所谓的营销专家做营销诊断，就以为自己进入营销阶段了。但这其实还是用销售的手段解决销售的问题，只不过是借用了营销的名义自己骗自己。在销售低迷时才考虑营销，是假营销！在销售开始时考虑营销，是伪营销。因为太晚了，真正的营销在销售一开始，其实已经基本结束！

陈安之先生对销售的描述很到位，销售就是："走出去，把话说出去，把货卖出去，把钱收回来！"再简单一点，销售就是卖货加收钱。目前我们很多的企业还是有赊销的，很多销售人员还在与公司因为呆帐的分担而发生纠纷。尽管很多公司把欠款额度美化成了信用基数，但必须承认，我们甚至连卖货加收钱的销售，还没有做好。

营销是什么呢？我们有很多的答案，很多只知道是什么，而不知道为什么的答案。这些答案大多数是西方的，因为它最早出现在西方的字典里；在一次营销总监峰会上，一位中国的总监也给出了东方的答案，他说："营销就是营造销售的氛围。"当时他获得了热烈的掌声，我也认为这是一个突破性的答案，起码这已经有了为什么的成份。

简单地讲：营销就是经营和销售的管理。一个企业失败了，不是败在销售，就肯定是败在经营和管理，不会有其他原因；但一个企业要成功，就必须经营和销售都要过硬。

千万不要错误地认为，那些沉迷销售的企业都很糟糕，那些沉迷销售的人都很愚蠢。其实沉迷于销售的，恰恰是销售的高手！这就像那些游过防鲨网的，都是游泳好手的道理一样。这些人都是卖货和收钱的好手，而且肯走路会说话。他们有强烈的自信，他们甚至喜欢去应对那些最糟糕的状况。对销售的沉迷，让他们忽视经营，这从根本上导致了营销与企业的脱节。企业加销售，只能产生规模，规模不断扩大，利润越来越少；只有企业加营销才能产生利润。

当营销的天平稍稍倾斜于销售的时候，就会带来混乱，但这种混乱其实有利于企业发展，所以我们很多企业，都把自己的发展状态称为混乱前进。吉姆·柯林斯在《从优秀到卓越》一书中强调："那些实现跨越的企业，人们在转变完成之前还没有意识到，一个卓越的转变正在进行中。通常情况下，他们都是在事情发生之后才对情况有清楚的认识。"这是对企业混乱前进最形象的描述。但这个天平不能再倾斜，在营销的天平中，如果经营对销售的倾斜过大，就像在销售的天平中，收钱对卖货倾斜过大一样，一发而不可收拾。重卖货轻收钱，增加风险；重销售轻经营，损失利润。

事实是，目前我们对企业的认识，基本还停留在以规模论英雄的销售阶段。我们总是询问企业：占地多大？产能多大？销售额多少？员工多少？我们却很少问一个企业的销售网络结构。但我们最应该知道的，是它的赢利状况。

很多企业都做过转向营销阶段的努力，他们都推动过试图将经营和销售整合连接起来的变革，但大多数情况下，对销售的沉迷，都冠冠堂皇地成为了不能营销的理由。因为销售的力量过于强大，变革不是推动不了，就是流于形式，营销反而成了附庸。事实证明：销售系统越是强大的企业，从销售到营销的难度就越大。

3.消费者真的是可以占领的阵地吗?

在我的培训现场，我喜欢提问。我提问频率最高的问题是："是不是质量最好而且价格最便宜的产品，一定在市场上卖得最好？"大多数人都回答不是，也有少部分人坚持认为是的。我告诉大家的答案是："不一定！"

首先，没有任何证据显示，市场上卖得最好的产品，是质量最好而且价格最便宜的。其次，不一定就意味着可能性，营销者与销售者最大的思维区别，就在于：营销人员创造可能性，销售人员扼杀可能性！你可能会很奇怪，我的产品质量最好价格又最便宜，还不一定卖得最好，那么到底什么样的产品卖得最好？答案是：只有消费者认为最好的产品卖得才最好！我们自己认定的质量和价格没有意义，消费者才是第一裁判员。消费者认为你是最好的，比你实际是最好的更重要。

很有道理不是吗？是的！甚至在很长一段时间里，我自己也深信不疑！除了发现和创造消费者价值，我们真的想不出还有什么更重要！

消费者成了必须占领的阵地，消费者的头脑成了主战场。世界上最伟大的谎言诞生了！它宣布所有的营销者只能成为附庸的终极命运。从这个假设成立开始，整个营销界都被它欺骗了。从这个假设成立开始，营销从来就没有在基础上进行过任何创新。营销理论者开始标新立异和危言耸听，营销实践者开始盲目崇拜和互相攻击。

消费者真的是可以占领的阵地吗？当我们真正回到起点，我们会发现，这简直是在开玩笑。无论你的市场如何细分，无论你的差异化做得如何出神入化，无论你的消费者心理和消费行为研究得如何到位，这个阵地都是海市蜃楼。消费者数量巨大，消费者层次差异，消费者理性缺失，消费者力量虚无！这是任何境界、怎样修炼都无法回避的现实。那些从事市场调查的专业公司，肯定会反对我的观点，但我深信，那些所有填写过调查问卷的消费者，都会知道我要表达的到底是什么！

企业越是强调消费者就是上帝、消费者永远是对的，就越坚定地把消费者当作争夺利益的阵地，甚至是营销的附庸和傀儡！只要稍稍动动脑筋，你就会发现这些口号有多可笑！当上帝的感觉很好吗？上帝要倾听你喋喋不休的祷告，接受你自己安慰自己的忏悔，实现你不切实际的愿望！

事实上，真正的营销者，从来就没有相信过：消费者是一个可以占领的阵地！

4. 打败竞争对手就真的赢了吗?

你真正知道你的竞争对手是谁吗？你打败过竞争对手吗？你是怎样打败竞争对手的？几乎所有我询问过的销售人员，都会对这些问题侃侃而谈。但当我问他们对竞争的感受的时候，所有人的情绪都低落了很多，大家最深刻的感触竟然是——疲惫！为什么会有这么大的反差呢？是人类对和平天生的向往吗？显然不是，这其实是被竞争导入销售怪圈后的必然反应。

"竞"就是追逐，"争"就是争夺；竞争就是：一边奔跑一边争夺。争夺什么呢？当然是更多的利益。为什么奔跑呢？都想比别人先拿到。现在的竞争已经上升到了哲学的高度，领导地位企业的竞争重点放在争夺：市场有一元的利润我就一定要赚八毛，你能生产了我就卖技术，你有技术了我就申请专利和贸易保护。这就是所谓的先拦海造田、再过河拆桥哲学。跟随地位企业的竞争重点放在追逐：这就是所谓的规模压制加速度领先哲学。

猎人的故事是最形象的刻画：两个猎人进山打猎，一个粗壮，一个瘦小，两人打到很多山鸡和野兔，但都被粗壮的猎人收到囊中。瘦小的猎人很委屈："你打到的你应该拿走，为什么连我的也抢去？"粗壮的猎人咧嘴一笑："你的大腿如果比我胳膊粗，我就都给你。"这叫争夺。突然一只老虎冲了过来，两个人都开始拼命地奔跑，粗壮的猎人落在了后面，冲着瘦小猎人喊："跑什么跑，你再快还能快过老虎？"瘦小的猎人头也不回："我当然跑不过老虎，但我肯定可以跑过你！"这就叫追逐！

竞争几乎成了营销的代名词。必须准确掌握竞争对手信息，必须严密防范竞争对手举措，必须有效打击竞争对手态势；竞争对手赚到钱就开始效仿，竞争对手表现突出就全力打压，竞争对手一过界就能挡就挡，竞争对手一成型就能挖就挖。人们称这种竞争为营销战！

大家都感觉疲惫了，于是现在人们最关心的就是竞合而不要竞争，人们谈论最多的是蓝海战略。这些想法很美好，但小范围的竞合以后，还是要面对更大范围的竞争；蓝海战略就算真正能够超越红海战略，还是一个竞争战略，你超越的也仅仅是眼前的竞争，因为这个蓝海也存在于一个行业之中。行业的最基本定义就是：从事同一产品类别的销售竞争者构成行业。一个企业自己构成一个行业的可能性几乎为零。

竞争如果真的可以获得利益，再疲惫也没关系。有趣的是，刚打败一个竞争对手，又冒出两个；更有趣的是，从来就没有人可以说清楚到底我们通过竞争获得了多少利益。这就如同广告人说："我知道我们做广告的100万有一半是浪费的,但我们不知道浪费的是哪一半,所以我们还是要用100万来做广告!"一样有趣!

如果获得的利益不能衡量,就绝对不是投入资源多少的问题,而是获得利益的方法的问题。不是所有竞争对手都是可以打败的,也没有人可以打败所有的竞争对手,除非销毁整个行业。同时没有任何人可以真正超越竞争,因为自然界最基本的哲学就是优胜劣汰。竞争是生存的方式,竞争解决的仅仅是生存问题。利益只能通过营销去获得。任何竞争对手的失败与你的成功,根本没有任何必然联系!

事实上,真正的营销者,从来就不相信打败任何竞争对手等于赢得利益!

5.营销三环

消费者不是可以占领的阵地,打败竞争对手不等十赢得利益,但这并不是说,消费者导向和竞争者导向是一种错误的导向。路标是正确的,但关键是它指引的是谁的方向!如果指引营销的方向就是向导,如果指引销售的方向,就只能成为断章取义的误导。你知道为什么总感觉自己是在最糟糕的状态下营销吗?这是试图在一个沉迷销售的企业中做营销的必然结果。

无论营销有多么复杂,说到底也无非就是决策和执行两个层面。大多数时候,我们都是从技术层面研究营销,但营销这个人类的群体活动,最基本的特性就是必须人性化,所以,我们本应该从人本层面来解析营销。其实以人为本的营销决策和执行,遵循着同一个路径,只不过顺序不同。

营销的决策过程,就好像吃橘子。吃橘子首先要剥皮,消费者就是橘子皮,我们首先是通过观察橘子皮,来判断一个橘子是否成熟和新鲜,这叫消费者调查;接着我们把一个橘子拿在手里,这叫市场定位;我们撕裂剥开橘子皮,这叫市场细分;接下来就是吃橘子肉,橘子肉就是竞争者;橘子肉有很多瓣,于是我们把这些竞争对手一个一个掰开,这叫竞争分析;吃掉橘子肉,就是阶段性竞争胜利;最后发现嘴里还剩一个橘核,橘核代表营销者,我们把他吐掉。

营销的执行过程,就像种橘子树。首先就是培育种子,然后就是料理树木,最后收获果实。培育种子就是培育营销者;忙碌的浇水、施肥、驱虫就好比竞争;收获果实,就是在消费者市场获利。吃橘子是从果实到种子,种橘子树是从种子到果实,只是中间的竞争过程不同。营销的决策是从消费者到营销者,营销的执行是从营销者到消费者。这个以人为本的同一路径,就是营销三环:

营销三环图:

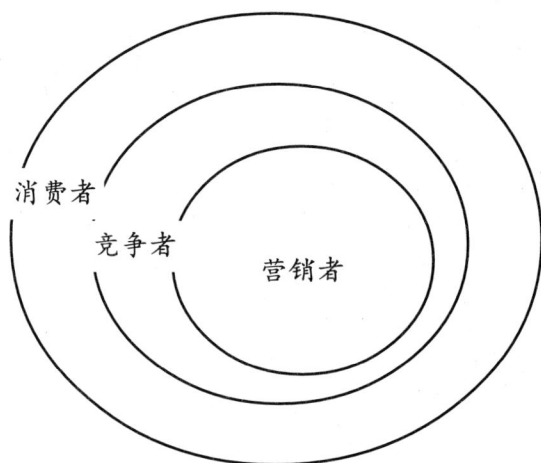

营销的决策过程，是按照营销三环由外及内进行的。调查消费者——分析竞争者——确定营销者行动计划。营销决策的过程是一个思考，分析和选择的过程，目标只有一个：是通过决策的过程找营销的差距。

营销的执行过程，是按照营销三环由内至外进行的：培育营销者——应对竞争者——影响消费者。营销的执行过程是一个行动的过程，目标也只有一个：是通过行动的过程实现营销的差异。

营销目前的状况是，大多数企业的营销决策的过程中，找不到真正的差距。主要竞争对手的战略，与你自己的战略比较一下，你就会发现大家的选择出奇的相似。更多企业的营销执行过程，根本建立不了差异，这就是营销同质化的根源。那些沉迷于销售的企业则不同。他们通常在营销决策过程中找到了差异，一直强调自己是多么特殊，任何成功的经验似乎都没有参考价值；他们反而在营销执行的过程中发现了差距，诸如工资太低、投入太少等，牢骚不断。

这其实不仅仅是顺序的错误，关键是在消费者、竞争者、营销者构成的营销三环中，一直忽视了营销者的存在。营销的决策中管理者代替营销者行使发言权，营销的执行中销售者戴着营销者的帽子大刀阔斧。现在的营销，不是删除营销者，只在消费者和营销者之间做文章，要么就是把销售者摆在营销者的位置，任其在不顾利润的前提下，把规模扩大得有声有色。营销者无可奈何地，成为了营销三环中缺失的一环。

6.关注营销者

在营销三环中，营销者的重要性，显而易见。营销者是营销决策的终点，更是营销执行的起点。你的营销决策不落实到营销者，就算你的消费者战略和竞争策略都做得很棒，但这些只是导向，你引导的是谁呢？你的营销执行不从培育营销者开始，就算你准确预测了消费者的反应，正确制定了应对竞争者的策略，又靠谁执行？

这么多年来，从来没有人真正关注过营销者！相对于营销者，我们更关注管理者，这几乎已经成为了整个社会的价值取向。

记得有一次，我在海南一所大学，为即将毕业的大学生们做关于职业生涯的辅导培训。几乎80%的人想要做管理者，但没有人告诉我他的职业取向是做一个营销者，这令我很震惊，震惊于人们对于营销者的冷落。

当我问他们，为什么要做管理者的时候，一个学生的回答很直白："管理就是管人，管别人总比被别人管好。"当我问他们对营销者的印象时，他们的回答是："可以赚很多钱，而且很会骗人。"当我告诉他们，当他们一走出学校大门的时候，他们可以不擅长管理，但必须懂得营销，因为求职就是营销自己。他们也很震惊，震惊于自己对营销者的无知。

整个社会的价值取向，趋向于对管理者的狂热，对营销者的冷漠！大家都喜欢去管理别人，但不知道应该首先营销自己。事实上，价值的真相是：价值首先必须通过营销产生，然后再通过营销增长，管理只能起到储存价值的作用：既不能创造价值，也不能实现增长。管理是一种实践，其唯一的权威就是成就，不能通过营销的交换创造和证实价值，成就从哪里来，来自你拥有一个学习型组织吗？以管理者自居的人们宣称：所有员工出现的问题，都是管理者的问题。你知道这有多可笑吗？皇帝和总统都没有这样自负：他们仍然保留了法律和监狱。

对营销者的冷漠，最根本的原因，除了对管理的过度狂热，还有就是对营销者的无知。关注营销者，首先就必须从认识营销者开始！那么到底谁是营销者呢？

人类在商业社会最伟大的发明是什么呢？企业，肯定是企业，是企业给了商业社会无限的发展空间。商业社会没有企业，就如同人类没有思想一样！后果不堪设想！

企业的标准概念是从事生产、运输、贸易等经济活动的部门。企业在诞生的那一天起，它的属性就是一个从事经济活动的部门，无论所有制如何变换也只是一个商业部门，但目前的企业，几乎都忘记了这个本源的定位。正因为对管理的痴迷，几乎所有的企业都想建立一个王国。

企业的"企"是"人"字头，大多数人认为这个"人"仅仅代表人才，说"企"业无"人"而"止"，所以要重视人才，以人为本；还有更精辟的论述：人才不是企业最可宝贵的财产，只有合适的人才，才是企业最可宝贵的财产！这就是狂热管理的谬误，说了一大堆正确但无用的废话。

其实"人"代表企业家。企业家无疑是企业的第一核心要素，这道理很简单。同样一个企业，不同的人掌舵，就有天与地的差别。人们给企业家的定义是：指那些按照社会需要和盈利原则，经营生产和流通业务，向社会提供产品或劳动的卓越的企业管理者。

人们给企业家的定位就是管理者。从管理的任何概念上分析，管理者就是一个组织者，他的责任就只与经营有关，与销售从来无关，因此所有的企业家都痴迷于管理，所有的企业家在管理狂热的驱使下，几乎都想成为一个国王。但事实是，不承担营销责任的企业家，只能成为一个管家。所有的企业家，几乎痴迷地在重蹈一个覆辙：重复着一个管家妄想成为国王的悲剧!

商业社会的第一个营销者就是企业家。我们讲营销的时候,定位为"市场营销",所以管理是属于企业的,营销距离企业越来越远。科特勒早就断言,营销几乎是企业的全部。为什么呢?因为他也不敢触动管理的权威!营销之所以复杂,就是不敢正视营销本来就属于企业的事实。营销是企业的全部,你不能全员管理,你也必须全员营销。又是消费者,又是竞争对手,但就是忘了自己是一个企业。无论你自认为的消费者群体有多大,你列出的竞争对手有多少,你在世界500强的排名是第几位,你仍然是个企业!你是企业,你就必须营销。

从某种角度讲,反而是媒体,在这个问题上保持了清醒的头脑。媒体向来只关心三件事:企业的第一桶金是怎么来的;企业怎样兼并了别人;企业是如何破产的。这一切都是企业经典的轨迹。其实这三件事,都是营销者的行为,与管理者并不相干。

要真正的关注营销者,就必须界定到底是谁在真正执行营销:绝对不仅仅是企业内部的一个营销中心在营销,这只能算做销售;也不可能是整个全球的市场在执行营销,尽管市场营销已经成了一门商学院的学科。在营销实践领域,营销无法简单的根本原因就是:我们要么把营销执行缩小为销售,要么把营销执行扩大到整个世界,其实营销执行的最小单元是企业!真正关注营销者,必须首先确立一个里程碑——企业营销!是企业在营销!

企业营销与企业管理最大的区别就在于:企业管理专注问题,企业营销关注机会。这本来就是企业的两个必然要素。一个储存价值,一个创造和增长价值。管理者是收藏家,他们能够辨别价值,然后根据自己的喜好储存价值,越多越好,越久越好;营销者是艺术家和拍卖者,他们创造艺术品并不停地卖出去,创造出更好的,换回更多的。

事实是，大多数人都选择了做收藏家。

但事实证明：以管理为导向的企业造就的都是卓越管理者，他们擅长计划、组织、协调、控制等一系列运作，但这与营销根本不相关！甚至那些以代理销售为主导的企业，也是管理第一、营销第二的。目前这种导向带给他们很多麻烦，甚至连他们这些专注问题的高手也搞不清问题出在哪里。其实关注营销者对于任何企业来讲，根本不是一种创造，仅仅是一种发现。

7.从销售到营销唯一的方式就是跨越

销售仅仅就是卖货加收钱，这个理念大家都接受。营销就是经营和销售的管理。营销是一把刀，销售是刀刃，经营就是刀身，管理就是刀柄。人们总是喜欢炫耀刀刃如何锋利，忽视刀身是否生锈，刀柄握在谁的手里。事实就是：拥有销售意识的公司比比皆是，但拥有营销意识的公司却寥寥无几！

从销售过渡到营销的口号，其实已经喊了很多年，但仅仅只停留在意识的强调上。其实最关键的原因就是受到理论的禁锢，没有真正在实践上有所突破。

从本质上讲，销售和营销，既不是科学也不是技术，它们与管理一样，都是一种实践。销售是对某个具体的人，营销是对一群人；销售是一种行为，营销是一个活动。营销活动的最根本命题就是过坎，从实践角度讲，营销就是不停地过坎。营销必须过的第一道坎，就是如何从销售行为过渡到营销活动。

做营销与拿学历不同。拿学历还是讲究论资排辈的，读完小学才能上初中，上了初中才能高中、大专、本科、硕士、博士，一个一个地读下去，跳级的毕竟是极少数。但营销不同，营销只关注成就！小学没毕业，是小学生在大学生面前的笑料；小学没毕业，对同样从事营销的博士和小学生没有任何意义，因为他根本不是营销过坎的决定因素。

我们不能从销售过渡到营销，最根本的原因就是循规蹈矩，按照拿学历的方式，想当然的对待营销过坎。从销售行为到营销活动唯一的方式就只有跨越。你不敢跨越，不要说比你早生100年的老企业，就算对面的企业比你早成立一年，你都没机会！事实上，越来越多的企业实践证明，从销售到营销，唯一的方式就是跨越，尤其是中国企业。

中国的企业对待营销的态度，就如同大学生对待自己的求职简历，自己精心的设计封面，把认为重要的东西都填加进去，实际上所做的一切，没有一样是用人单位看中的，仅仅因为缺乏实践。

营销对于现阶段的中国，最重要的就是如何在实践中突破。这是所有营销者的责任，因为所有管理者的重心已经放在如何在理论上标新立异了，营销者的跨越已经成为决定中国企业存亡的关键。

中国人很喜欢讲历史，因为历史太悠久了。但是中国的营销必须打破常规。喜欢历史的人，总说速成不好，速成会走火入魔，但环境如此，你不速成你还能干什么。这不是速成，而是必要的跨越。

成功者依靠的是实践勇气，而不是聪明思考。现在的企业现状就是，大家都想去营销，但没有人敢迈出从销售到营销的第一步，形象地描述就是：人都想进天堂，但没有人想死。

找我做过咨询的企业，几乎所有的营销高层主管都很投机，都成为了朋友，这些朋友最常发的感慨就是："求求你，搞定我的老板。"其实他们仅仅是想我告诉他们的老板：营销第一、管理第二——以营销推动管理，而不是用管理来推动甚至控制营销。这并不是说管理不重要，而是一个企业家的必然选择。你首先是个营销者，其次才是一个管理者。所有企业家首先完成这个跨越，才能真正实现所有企业从销售到营销的跨越！

从销售到营销的跨越，其实很简单，关键就是你想不想、敢不敢去跨越。这个跨越，我们只需要研究两个问题，营销如何想得通，怎样才能做得到？

好了，所有的所谓道理，我们也到此为止，本书以下的内容，都是实现这个跨越的具体方法。虽然这个跨越的过程与传统营销有很大不同，但确实更为简单有效。

2

赢利规则

　　规则其实是一个很有趣的东西。正像这个世界并不是缺少美，而是缺少发现一样；其实营销并不是没有规则，而是你没有认知到。

　　我经常对别人说："我这一辈子下围棋从来没有输过。"所有人几乎都觉得不可能，但我的答案确实让他们信服："因为我从来没有跟别人下过围棋，自然不会输，我只下中国象棋。"从来不下围棋就是我下棋的规则。于是他们要跟我下中国象棋，我说："无论跟谁下中国象棋，我从来没有真正赢过。"他们又觉得不可能，但我的答案同样让他们信服："因为我下象棋，认为最后谁剩下的棋子多，谁就算赢，你吃掉我的老帅我还可以继续下。"直至吃到不能再吃就是我下中国象棋的规则。

　　所以规则的第一个问题就是：单方面承不承认规则存在的问题。

　　有一个中国的留学生，在国外上学的时候，认识了一个西方的女朋友，马上准备结婚了。有一天两个人携手过马路，一直都是红灯，小伙子等不急了，拉着女朋友闯了红灯，回去后女朋友提出分手，理由是："你连红灯都敢闯，还有什么事情不敢做，太可怕了！"小伙子很伤心，回国后3年才恢复过来。后来又认识了一个很优秀的中国女孩，在准备结婚期间，两人又在一个十字路口等红灯过马路，小伙子有了上次的经验，女朋友几次要闯红灯，都死死拉着女朋友的手，直到绿灯亮了才通过。回家后女朋友又提出分手，理由是："一个大男人，在没车经过的时候都不敢闯红灯，还能做什么事业，太不懂变通了！"

所以规则的第二个问题就是：就算承认了规则的存在，还有一个双方认同的问题。

营销肯定也是有规则的。营销唯一的、大家都必须承认和认同的规则，就是赢利！销售者关心的始终是规模，因为销售始终是一种上量的艺术；只有真正的营销者才是最关心赢利的，因为营销始终是一种赢利的科学。对赢利规则的承认和认同，是从销售到营销的第一个跨越。

8.企业本身就是功利的

波兰纪录片大师基耶斯洛夫斯基说过："并非每件事情都是可以被描述的，拍纪录片就好像掉进了自己设下的陷阱，你越想接近某人，那人就会躲得越远。"营销其实很像拍记录片，我们越是关注营销的方方面面，营销就离我们越远。我们前面讲过，企业是营销执行的最小单元，企业营销必须从企业开始！没有对企业的深刻认识，真正意义的企业营销就无从谈起。

我在为企业做营销培训的时候，首先就会问到一个问题："对于一个企业什么最重要？"我得到过各种各样的回答："人才"、"文化"、

"团队"、"客户"、"制度"、"产品"、"战略"、"品牌"、"定位"、"广告"、"成本"、"沟通"等等。他们给出答案的时候，都充满了信心，他们越是认为自己的回答正确，错得就越严重。

正确的答案是："功利"对于一个企业最重要！这些人中，包括那些明明只是一个销售者、却以营销者自居的职业经理人，甚至那些本该是个营销者、却总是以管理者自居的企业家们，都无法真正面对这个简单的、无法逃避的现实。

功利是企业生存和发展的根基："功"就是成就，"利"就是利润！

管理界最一针见血的名言，就是已故管理大师德鲁克的总结："管理是一种实践，其本质不在于知而在于行，其验证不在于逻辑，而在于成果，管理唯一的权威就是成就。"德鲁克同时断言：企业90%的管理问题是共同的。中国很多主流的管理媒体，一直倡导"知行合一"，完全符合这个实践为主导的管理逻辑，这就是企业管理不断创新的源泉。现在中国虽然很多人在批判德鲁克是典型的经验主义，但谁都无可辩驳，管理的成就对于企业而言，至关重要。成就无疑就是企业管理的真谛！

营销同样是一种实践，其本质不在于销售而在于经营，其验证不在于规模而在于利润。营销唯一的权威就是赢利。与管理恰恰相反：企业90%的营销问题都是差异化的。现在的企业过于强调管理，弱化营销，这就是营销离企业越来越远的原因。但无论如何，赢利就是企业的天职，一个企业不赢利就是对社会和员工的犯罪。这没有什么不好意思，即使让最伟大的慈善家来经营一个企业，他也只能说："我们必须赢利"。赢利无疑就是企业营销的真谛！

企业生存发展的目标，无非就是做大、做强、做久，简单地讲就是持续强大。唯一支持企业持续强大的就是功利二字。企业是一支篮球队，"管理"、"营销"、"文化"、"品牌"、"人才"等等因素，都是球员，我们的企业都努力在培养明星球员，却忘记了对球队最重要的就是胜利。对于企业这个球队，胜利就是功利！

也许你仍然认为这是经验主义，但不客气地讲，正像说自己讨厌财富的几乎都是穷人一样，反对经验的绝大多数都是没有经验的人。只有过分教条理论才会排斥经验，但实践从来吸纳经验。其实事实就是这样的，学医的硕士不可能没有见过尸体，难以想象学农的博士没下过田地，但那些最著名咨询公司的咨询师没有企业的工作经历，大家却觉得很正常。

也许你仍然对这个结论不能接受，我可以告诉你企业的态度。企业管理可以容忍你，但这种容忍是有限的，企业管理警告你只能保留意见；但企业营销可以容许你，这就是企业管理和企业营销的最大区别。企业管理的出发点是减少问题，企业营销的出发点是创造机会。

曾经有很多企业的管理人员跟我发牢骚，为什么我们管理部门的人员一出问题就开除，而那些营销部门的人员，犯了错误还可以继续受到提升？我说这只能说明一点，这样的企业肯定还能发展。因为管理是绝对不容许犯错误的，因为这给企业的成就抹黑；但营销是可以犯错误的，只要这种错误能够赢利！

但由于我们现在的企业，由于不敢或者不愿意正视企业功利的真谛，几乎都反其道而行之：营销人员一有错误就开除，管理人员一有错误就姑息，所以最终的结果就是：企业既损失了成就，更损失了利润！

如果你真正想实现从销售到营销的跨越，请记住：企业管理唯一的权威就是成就，企业营销唯一的权威就是赢利，企业本身就是功利的。

9.规则是营销最大的障碍

当营销碰到规则的时候，我们最常看见的画面就是：一拍大腿，大喊一声："我又上当了！"其实这仅仅是因为，要么你不承认有规则的存在，要么双方有一方不认同这个规则。

西方对营销规则的认知很直接，只有两个字：契约！美国2003年《福布斯》公布了这样一条消息：世界上300亿美元以上的财富巨人中，犹太人所占比例高达75%。我认为犹太人最特别的地方，就是他们的营销做得好。犹太人营销做得好，最基本的原因有两个，第一是对资源稀缺的深刻认识，第二是对商业规则的广泛认知。

犹太人的宝典《塔木德》中有这样一段对话：

"假如有一天，你的房子被烧毁，你的财产被抢光。你将带着什么东西逃跑呢？"母亲问。

"钱。"一个孩子回答说。

"钻石。"另一个孩子这样说。

"有一种没有形状、没有颜色、没有气味的东西，你知道是什么吗？"母亲继续问。

孩子们左想右想，却还是找不到答案。母亲笑了，接下去说："孩子，你们要带走的东西不是钱，也不是钻石，而是智慧。智慧是任何人都抢不走的，只要是你还活着，智慧就永远跟随着你，无论逃到什么地方你都不会失去它。"这就是最朴素的资源论。

犹太人珍爱各类书籍，尤其是那些凝聚着先人和贤人心血的犹太商法类书籍，其中最为神圣的就是《塔木德》。在每一个犹太家庭里。当小孩子稍微懂事时，为了让孩子感觉到与契约的亲近，母亲就会翻开《塔木德》，点一滴蜂蜜在上面。叫小孩子吻《塔木德》上的蜂蜜，他们认为《塔木德》是甜的，感受到规则的甜蜜和美好。这就是最原始的规则导向。

东方对营销规则的认知相对比较复杂，分为显规则和潜规则。形象一点讲，东方人把规则视为魔术一样的一种技巧，分为桌子以上的和桌子以下的两个部分：桌子以上的东西，大家都看得见摸得着，叫显规则；桌子以下的部分，大多数人看不见，叫潜规则。所以，在人为的作用下，东方的营销远比西方的复杂。

面对不同的规则，销售者与营销者有着截然不同的表现：

销售者关心的是量，销量大小、区域大小、占有率多少、客户数多少，销售者每天挂在嘴边的就是上量。对于规则，销售者的判断标准就是能否上量，所以对于规则，销售者做的永远是判断题，他们得出的结论是好或坏、对或错，不会有第三种选择。对于他们来讲，能上量的就是好规则，不能上量的就是坏规则，销售者和销售导向型的企业，都不会接受没有量的变化的结果。

营销者关心的是利，短期的利润、中期的利润、长期的利润。营销者每天萦绕在脑海里的就是利润的增长。对于规则，营销者的判断标准就是持续的利润增长，所以对于规则，营销者做的永远是选择题，他们得出的结论不是简单的对或错、好或坏，而是差异！

目前中国的营销对于规则，有两个最大的障碍，一是对外无视规则，一是对内滥用规则。这样的案例几乎比比皆是：对外无视显规则，治理名言是："能说的不能做，能做的不能说。"对内滥用潜规则，奉行的铁律是："管理就是做自己认为对的事，我的地盘我说了算。"

销售就是卖货加收钱。首先是把货卖出去，然后是必须把钱收回来。销售始终是一种上量的艺术，所以这个世界上才会存在所谓最伟大的推销员。

营销就是经营加销售，首先是经营，然后是销售。营销始终是一种赢利的科学，所以这个世界上才会存在所谓基业常青的百年品牌。即使是世界上最伟大的推销员，来到这样的企业，也只能老老实实卖这个企业的产品，这就是规则！

如果你真正想实现从销售到营销的跨越，请记住：营销者眼里只有规则，销售者内心常存意外。

10. 营销唯一的规则就是赢利

赢利是企业的天职，这个道理大家都会讲。赢利同样也是企业营销的天职，重要性大家都知道。但在当今所有的企业中，销售和管理为导向的企业比比皆是，营销为导向的企业却寥寥无几。

原因很简单：在企业的实践中，赢利还没有成为营销唯一的规则。

以营销者自居的销售者，根本不会真正关心利润，因为他们认为这根本与他们无关，赢利与否是企业的问题，销售者只关心他自己的销量上去没有。以管理者自居的企业家，其实每时每刻都在关注利润，但他们认为这与企业的其他人无关。大家几乎都在有意无意回避利润这个问题，似乎那本来就应该是个必须保守的秘密。

虽然大多数企业，都有一个名字很好听的部门叫人力资源部，但只有极少数的企业真正把人力当作资源对待，大多数企业的人力还只是机器。职业经理人其实也没有什么值得骄傲的，不要说企业称你为内脑、外脑，即使人家称你为电脑，也只不过是一台机器。虽然很多企业都有客户关系管理系统和消费者忠诚计划，但建立关系和培养忠诚的背后，客户和消费者仍然被当作工具，而不是资源。

这就是现代企业营销，在不遵循赢利规则前提下的现状：企业家一个人在营销,一大堆人按照他的想法销售!企业剩下的人在干什么呢?剩下的人在干另一件更耗费精力的事:企业政治!

赢利规则的用武之地,应该是企业外部营销和企业内部营销。目前的现状是,只有企业家一个人在耗尽心力地琢磨着赢利规则。企业外部依旧风云变换,企业内部仍然波澜不惊。几乎所有的企业家都说自己好累——明明是应该做营销的,偏偏固执地做管理;明明是搞经济的,一定要既搞政治、又搞军事。

娃哈哈仅仅是在企业的外部营销渠道中运用了赢利规则,就可以在可口可乐和百事可乐两大国际巨头的夹击下创造奇迹。娃哈哈的渠道赢利规则很简单,就是让价值链上的每个人赚钱。娃哈哈的法宝叫营销联合体,维护营销联合体的秘诀就是:控制价差。

这就是赢利规则的第一个原则:利润的有秩序分配。按照商业惯例,制造业和流通业各占50%的利润,这就是利润的有秩序分配。为什么赢利规则在很多企业的外部营销中行不通?其实很简单,就是制造业或者流通业有一方,想强占对方的利润,所以抛弃了赢利规则。制造业为了强占流通业的利润自建渠道,流通业为了强占制造业的利润自建工厂,这种情况我们早已经见怪不怪,但这都是短期行为或者权宜之计,因为这违反了利润有序分配原则。

奥克斯集团,5年打造出世界最大的电表制造企业,超越了原来比它大1000倍的竞争对手;8年打造出国内前3强的空调制造企业。奥克斯企业内部的第一条原则就是,一切按经济价值规律办事。企业内部,大到公司、分厂,小到商务中心、锅炉房、宿舍,甚至路灯、草坪,均实行经济承包,让承担具体工作的人直接掌握经济权力。总裁的讲话录音稿要到商务中心整理,只有按标准的3倍付费,才可以优先处理。就连"老总的话",在"钱"面前也要败下阵来。

这就是赢利规则的第二个原则，利润的按效率分解。按照商业的通用规则，利润与效率本身就是一对矛盾。苛求利润肯定会损失效率，苛求效率一定会牺牲利润。这道理就像你下班回家一样简单：坐公交车只需2元钱，但至少要半个小时才到家；做出租车10分钟就到了，但需要20元钱。大多数企业都迷失在利润与效率的十字路口。看看奥克斯深入人心的理念，你也许会受到启发："省一个人省10万元，省一个环节省5万元，集成一个零件省10万元，通用一个零件省5万元，停产一天损失50万元。"这不是随意的拍脑袋，也不是简单的量化，这就是利润在企业内部的按效率分解，这就是赢利原则在企业内部营销中的简单运用。

海尔是中国企业的翘楚。2005年，海尔集团收入增长仅为0.3%，国内营业额收入首次下滑，利润下滑20～25%。在海尔内部正酝酿着一场变革：海尔企业精神和工作作风已从"敬业报国、追求卓越，迅速反应、马上行动"升级为"创造资源、美誉全球，人单合一、速决速胜"。或许海尔如今要做的，就是抛弃繁花与荣誉，向简单商业逻辑靠拢——回归利润！

仔细咀嚼海尔新的十六字方针，我们已经依稀可以看到"利润的有秩序分配"和"利润的按效率分解"的影子。但中国毕竟只有一个海尔，我们大多数的企业，仍然在企业内部玩弄政治，用所谓的管理部门束缚利润的按效率分解；仍然在企业外部推崇军事，用所谓的销售孤军干扰着利润的有秩序分配，这不是真正的企业营销。真正的企业营销只有一个规则——赢利规则！

如果你真正想实现从销售到营销的跨越，请记住：这不是统治，也不是占领，这是企业营销！

11.在消费者和竞争对手的夹缝中赢利

赢利规则必须研究的问题就是企业营销的战略问题。

现在几乎所有的企业都在规划营销战略，他们的营销战略，既有消费者战略，也包含竞争者战略。这样的营销战略看起来很漂亮，但对于企业营销根本没有任何实际意义。企业发展的时候，它是开会最好的借口，企业营销一旦出现危机，这种战略转眼就变成了一堆废纸！因为这样的营销战略有一个致命的缺陷，它坚定地认为：只有消费者的反应和竞争对手的表现，才是企业营销的利润点。因为对赢利规则的漠视，营销战略走入了一个同质化的误区：营销者不是利润点，只是费用点，营销者在整个营销战略中仅仅代表成本。

事实上，消费者和竞争者都是限制企业赢利的范畴，只有营销者才是真正支持企业赢利的。

说竞争者限制企业的赢利，大家很好理解，我们每天想的就是，把竞争对手变少、把竞争对手变笨，直至把他们统统消灭掉。因为竞争者决定了供求关系，供求关系直接影响企业的利润。如果世界上只有你一个人卖电视，那么你想卖多少钱就卖多少钱。

消费者限制企业赢利，其实也很好理解，只是我们每天高呼"顾客就是上帝"的口号时，根本就没有想清楚。消费者其实就是为了生产和生活的需求而消耗物质财富的人。消费者限制企业赢利的根本因素，其实就是你每天挂在嘴边的消费者需求！

消费者的需求其实就是，能买得起的都想要，但永远有很多东西买不起。如果你的市场调查是真实的，消费者最缺的就是钱。所有认为肯定抓住了消费者需求的营销策划案，其实不过都是碰运气！如果你计算一下现在全世界的营销策划有多少个成功，又有多少个是真正因为满足事前预测的消费者需求而成功，你就会明白，为什么那些成功者对运气特别推崇。

企业要满足消费者需求。事实是，消费者自己都不确定自己的需求是什么。我们大家都是消费者，假设我们每个人在填写任何企业的调查问卷的时候，都像天使一样说了真心话，但你在用东芝录像机看录影带的时候，你知道爱多 VCD 是咋回事吗？你享受盗版 VCD 的廉价的时候，你对 DVD 就有需求了？大家想当然地认为消费者追求物美价廉，所以大家就打价格战。如果消费者是固定不变、始终如一的，大家还争什么争呢？消费者需求的不确定性和不稳定性，大大耗费了企业营销的成本，降低了利润。

满足消费者需求？你见过哪个企业是真正通过发现并满足消费者需求赚钱的？实际上，那些真正赢利的企业都是靠创造消费者需求赢利的！真正有现实意义的营销战略，是以营销者为利润点的，这个利润点对于营销战略最基本的作用就是：选择出一个可坚持的营销定位。这个定位并不是整合营销传播讲的市场定位，而是企业营销的定位。

那些每天想通过满足消费者需求赢利的企业，几乎都在亏损，而那些真正赢利的企业，却讳莫如深。这里不得不谈一下通用电气了。你在通用的营销战略里很难找到"满足消费者需求"这样的字眼，你甚至看不到"利润"二字。对于通用电气，大家最熟知的就是"No. 1、No.2——数一数二战略：不能做到行业第一第二的领域就放弃"，这才是真正营销者的战略。它没有谈满足消费者需求，但你做到第一、第二肯定可以引导消费者需求；它没有讲竞争者应对，但你做到第一、第二就可以更主动地面对竞争；它更没有讲赢利，但你了解一下现实，就知道整个行业的利润被第一、第二拿走了多少。这就是选择出一个可坚持的定位。你也许仍然觉得你不是通用电气，但事实

是：每个行业、每个国家、每个省份、每个城市、甚至每个乡镇都有
一个数一数二的企业存在，并且每个企业都有自己的赢利方式，这就
是选择出一个可坚持的定位。

那些真正把握着赢利规则的企业，营销战略其实都很普通、很实
际。尽管这些战略听起来并没有大小通吃的气概，但他们绝对不会为
除了赢利规则以外的任何标新立异而躁动。他们的秘诀就是，在消费
者和竞争者的挤压中，找到自己的可坚持定位。

如果你真正想实现从销售到营销的跨越，请记住：企业营销的战
略，必须解决的问题就是，如何在消费者和竞争对手的夹缝中赢利。

12.赢利能力的魔鬼公式

我接触过的所有企业家，几乎都会问我同一个问题："我这个企业
的管理到底还有什么需要改进的？"这并不说明他们不关心利润，只
不过他们关心利润的方式出奇地相似——向企业管理要利润！

我给他们的回答是：向管理要利润你就错了，你应该向营销管理
要利润。所有企业都尽心力地去管理销售，甚至管理企业，但他们
几乎没有真正去管理过营销！

企业营销管理，其实根本就不是一个技术问题，而是一个心态问
题。企业能不能赢利，赢利的能力如何，关键不在于你用多么先进的
技术去管理营销，而在于你用什么心态去管理营销！

你如果深入过企业，你肯定知道，那些巨大的营销战略文件的执
行有多艰难，再碰到那些越艰难越努力的企业家精神，这个错误几乎
演化成企业的癌症。很多企业都努力把企业战略浓缩成一张纸，希望
所有的员工知道、会背，期望所有的员工理解，但这样所做的结果就

是：只对记者的新闻采访有用，对企业营销无用。

企业管理与企业营销最大区别在于：企业管理的目的是建立一个高效率的组织，企业营销的目的是打造一条直接创造利润的核心价值链。

组织效率的高低，与整个组织的赢利能力没有直接关系。世界上大概还没有哪个组织的效率高过军队，但我们还没有用赢利能力的高低，去评价过任何一支军队。如果赢利能力成为评价一支军队的唯一标准，军队也就不是军队了。但我们的企业，一直在努力打造一个高效率的组织，并坚定地认为这样就可以赢利！

利润是企业创造出来的，而且不是单一部门创造出来的，是一条核心价值链创造出来的。这条核心价值链包括四个环节：研发——采购——商品化——销售。这四个环节是企业赢利能力的直接变量，只有这四个环节才能真正创造利润。你为企业管理所做的其他所有努力，作用仅仅是保证企业赢利能力不下降，只有针对这四个环节的努力，才能实现赢利能力的增长和突破。

研发：

提到研发，大家最普遍的认识就是技术的创新。这个时代，每年的研发成果就像天上的星星，但真正能为企业带来利润的，就像流星一样罕见。企业营销的研发与传统的研发不同，它的目的很简单，就是为了创造营销永恒的主题："新一代"。企业营销的研发实际上只做两件事，一是研究，二是发现。研究的不是技术，而是研究现在最畅销的产品的替代品，和让目前的消费者接受这个产品的理由；发现的不是目前营销存在的问题，而是发现向消费者推出这个产品的最佳时间、地点和方式。无论是制造业和流通业，没有这种意义上的营销研发，就算目前能够在某个领域数一数二，也是暂时的。

采购：

采购环节无疑是流通业最关键的营销战略，没有选择好的品牌品种，没有好的采购价格，对于流通业就等于自寻死路。对于制造业其实更是如此。对于一个已经推向市场的产品，你的原料采购合同一旦签订，其实已经决定了你的赢利空间。无论对于制造业和流通业，采购战略都是最重要的营销战略。战略其实就是一个企业对未来的选择，采购之前不选择，等采购完成以后，已经没有选择！

商品化：

商品化无疑是制造业最关键的营销战略。每个产品都要经过外观设计、品牌设计、包装设计等进行商品化。因为产品无论放在如何豪华的仓库中，都只能称为库存，只有放在消费者买得到的地方，并拥有让消费者乐于买的理由的产品，才能叫做商品。这是制造业的商品化。流通业的商品化比制造业更重要，它要做的事情就是：到底把商品放在哪些地方，如何让消费者接受乐于购买。

销售：

当商品化完成以后，销售需要做的事情仍然很艰难。销售必须按照商品化的意图维持购买频次和增加单次购买量的同时，更重要的是通过销售的实际情况，丰富、改进、变换商品化的操作。与传统的营销理论不同，不是营销做好了销售就成为多余，销售实际完成的仅仅是一个交易过程，销售必须延伸到消费者消费的过程，才能真正改善商品化的运作。对于企业营销，对于企业赢利能力的提升，销售除了

33

必须把本次营销的成果最大化,更重要的是能够真正为启动下一轮营销做好准备。

　　赢利能力的魔法公式:赢利能力＝研发×采购×商品化×销售。这是一个乘法公式,与加法公式不同点在于:无论你的其他变量有多大,只有它们都大于1,你所做的一切才不会被打折;有一个等于0,你所有的一切就白做了;有一个小于0,你以前所有的一切都只产生负债不产生利润!企业营销赢利规则的核心,就是必须在这个核心价值链的每个环节中都找到自己与别人不同的定位,也就是差异化,唯有如此,才是真正在营销中彻底贯彻了赢利规则。

　　如果你真正想实现从销售到营销的跨越,请记住魔法公式:赢利能力＝差异化研发×差异化采购×差异化商品化×差异化销售

13.成本是吓回去的!

　　谈赢利规则,不谈成本,大家一定觉得少了点什么,但我确实觉得成本没什么好谈的。降低成本就是赢利的说法,在企业营销领域也可以算作营销的方法,但这绝对是最愚蠢和最无奈的营销!因为企业营销讲求的一定是投入产出的问题,所以企业营销永远不会不切实际地要求成本最低,企业营销要求的是成本最优。

　　如果一定要讲一讲成本,成本其实不是靠管理技巧降下来的,成本的管理就像电网的管理一样简单,不是派100个人围住电网,不让任何人靠近,而是树一块牌子:"有强电!危险!"成本确实是吓回去的!我向大家推荐一句话和7种方法。

　　这句话是一个曾经辉煌过、现在失败了的中国企业家讲的,他就是科龙的前任掌舵人顾雏军,虽然此刻他可能仍没有行动自由,但

这句话确实是成本管理的治理名言：降低成本不需要技巧，只需要决心！

以下7种简单的方法仅供大家参考：

1．抛弃对成本的虚荣心。

千万记住，企业成本最大的敌人，就是你和你的企业的虚荣心。企业的生产成本管理最差的企业都会关注，但最经常被忽略的就是企业的运作成本，因为这些成本都是用来满足企业和企业家的虚荣心的。企业的占地面积多大、办公环境多好、员工规模、获得荣誉、企业家的个人头衔等等，这些被别人羡慕和自己津津乐道的光环，其实都与企业的赢利能力无关。事实上，所有与赢利能力无关的光环背后都有一个巨大的黑洞，这个黑洞里满满的都是企业的成本。

2．让成本与企业最高层面对面。

无数事实证明，只要企业高层对成本控制放松一分，成本在企业的中层就会十倍甚至百倍地增加。最简单的解决办法是：没有任何授权，没有任何特殊，所有成本必须赤裸裸地在企业最高层面前走过。在你的成本管理字典里可以容许特殊情况的存在，但前提是所有特殊情况必须经过你的特批。如果你想成为成本管理的高手，就必须坚持所有摆在你面前的特殊情况你一次也不批，所有自认为特殊的成本，在你面前只能得到两个结果：要么你承认制度错误，要么他承认自己错误！坚持以后你会发现，根本没有特殊的成本来找你，因为他来找你之前，必须拥有两样东西：一是一定能够使你屈服的信心，二是在你面前承认浪费了成本的勇气！

35

3．不怕为控制成本犯错误。

很多企业的管理人员都很担心，我这样坚决地控制成本，是否会有人说我是吝啬鬼？是否会丧失员工的信任和尊重？是否会犯错误？其实这都是无谓的担心。如果你希望别人都称赞你的慷慨，你最好离企业远远的，慈善机构是最好的选择。为了控制成本所犯的错误，在这个世界上最容易改正，你只要把成本增加就可以了！

4．不要花钱买埋怨。

我见过很多成本管理做得很像样的企业，他们连员工用多少纸巾和喝多少水都严格控制，甚至一个离家在外的员工用公司的电话给家里打了一个长途也必须罚款。但事实是，这个企业的成本管理很差。他们采购的纸巾和水的价格都比其他企业高一倍，那个打长途被罚款的员工，后来至少挂断了 100 次潜在客户的电话。企业成本管理不是为了好看，也不是为了在会议上评比谁用得最少，关键是在你真正对外花钱的时候，而不是员工使用的环节。舍本逐末的结果，就是确确实实花掉了很多钱，但换来的是浪费更多成本的埋怨！

5．抓大放小。

确实有很多企业的成本管理很成功，而且这些企业受人尊敬，因为他们懂得抓大放小。很多的企业都有食堂，我见过最厉害的企业是：这个企业的销售额每年超过一个亿，但企业的副总和员工在食堂都吃一样的菜——咸菜！你知道那些吃完咸菜的副总在开会时候都在想什么吗？他们都在想："晚上回家到底吃什么弥补一下呢？"你知道那些员工在干活的时候想什么吗？他们都在想："太虚伪了，每个月都赚那么多钱，在我们面前哭什么穷呢？"如果你仍然想用这种所谓的细节,告诉所有员工你管理成本的决心,你就永远不能真正管理成本! 成本管理的规律是:你想控制大的成本,必须放弃某些小的成本;你把很多小的成本都控制住了,你肯定损失了某些更大的成本。

6．制造成本战。

想管理好成本,必须把成本当作一种资源对待。善用资源的最好办法,就是使资源短缺,让人们去争夺。企业裁员能够降低成本吗?实际上如果一个职位有两个人去争取,才能真正降低成本。知道为什么这个酒家第一次吃饭就送你贵宾卡吗? 因为整条街都是饭店! 为什么卖给你窗帘的人免费给你安装? 因为他对面的那家商店就是这样做的。如果你的企业还依赖某个人和某个部门,你就别想降低成本,你必须要做的事情很简单,找一个人、找一个部门来跟他竞争!

7．不要为既成的事实花钱。

成本管理的最大误区就是:大家都不愿意为没有实现的事情花钱,大多数成本都浪费在没有办法再改变的事实上面。最突出的例子就是企业的薪酬考核。几乎所有企业的领导、人力资源部门和财务部门,都把最大的精力放在了业绩的考核上面,很多企业还很骄傲地管这叫"绩效考核"。企业在计算着到底谁的生产成本最低,谁的销售量最高,对过去所做的一切做了最完整的记录,甚至一个人的考核要耗费3个人的工作量。但事实是,你想验证的一切,都已经无法改变! 在业绩产生之前的管理,影响利润和成本;一旦业绩已经发生,所谓的考核只能耗费成本!

如果你真正想实现从销售到营销的跨越,请记住:成本根本不是靠管理降下来的,成本一定是吓回去的!

14. 牢牢抓住随时都会遁去的唯一

我经常问那些企业的老总利润是多少，他们会毫不犹豫地告诉我一个数字。我说："这个利润是谁告诉你的？"他们总用怀疑的眼光看我：当然是财务！我说："完了，你的利润跑掉了至少一半！"

产品生产出来以后，质控员检查产品不合格，这已经晚了，虽然你知道了结果，阻止了不合格产品的出厂，但你的生产线已经生产出了不合格的产品，这个现实你已经无法改变！财务无论使用算盘还是电脑，他只能计算利润的理论结果。等财务告诉你，你才知道赢利多少，已经晚了，这个时候利润已经不在你的掌控之中。

正像质量是生产出来的而不是检验出来的一样，利润是创造出来的而不是计算出来的！财务只能告诉你有没有赢利，但你需要知道的是如何去赢利！当营销无法完成利润的有秩序分配和利润的按效率分解时，利润就会失控，也唯有赢利规则，才能够将营销的两大要素：经营和销售，紧密地连接起来。

在现实的企业营销过程当中，赢利规则是企业营销的必要组成部分和核心，但赢利规则在企业营销中运用的，并不是简单的利润最大化。一方面，你不仅不能把赢利规则挂在嘴边，甚至不能把赢利规则写进企业的营销战略，因为这样做的结果，只能使利润离你越来越远；另一方面，企业营销想要持续赢利，赢利规则又必须贯穿营销过程的始终，在营销战略中无处不在！这听起来有点玄，有点像中国的奇门遁甲之术，但事实确实如此。

《易经·系辞》中说："大衍之数五十，其用四十有九。"天地万物运作的真谛，就在这两句简单的话里面。其大意是：五十乃完满之数，当数处五十时，天下万物各处其本位，没有动作，可是若虚其一数，生成四十九时，便多了个虚位出来，其它四十九数便可流转变化，千变万用，没有穷尽。这个道理其实也很简单，就好像五十张椅子坐了五十个人，假若规定不准换位，又不准走开，自然不会有任何变化。可是如果减少一张椅子，让五十个人来玩抢椅子的游戏，那结果和过程就自然会产生很多变化。赢得这个游戏的唯一方法就是，找到那把被拿走的椅子并坐下，这样你才会成为永远的赢家！

那把被拿走的椅子，就是"遁去的唯一"。所有学问和活动的最高境界，就是能够找到这个"遁去的唯一"。企业营销中"遁去的唯一"就是赢利规则。

销售的整个过程中，是根本没有办法运用赢利规则。这就好像五十个人坐了五十把椅子，赢利规则根本无用武之地。销售的赢利模式，简单得就像小朋友玩的堆积木游戏，就是不停地往上面一层堆更多的积木，直到巨大的积木失去平衡而倒塌——游戏结束！道理很简单，但那些销售导向的巨型企业还是一个接一个倒下！

销售仅仅是个交易的过程，因为单品利润的恒定，大家玩的就是讨价还价与缺斤少两的简单游戏：你去菜市场买菜，一元钱一斤，讲价八毛钱买回家一称，说好一斤的菜，肯定只有八两。卖一斤菜只赚两毛钱，你要八毛钱买，就只能称给你八两，要不然就没利润。我见过很多企业拼命挤压供应商的报价，但始终为他们自己无法保证买回产品的质量而头痛，尽管已经换了无数的供应商，质量还是不稳定，道理其实就这么简单：你讨价还价，人家肯定缺斤少两，就算这一次利润为零，下一批肯定双倍奉还，因为谁都无法接受交易总利润为零！

只有营销的过程，才能够最充分地发挥赢利规则的作用。街上有很多商店在卖一元一件的衬衫，而且质量都很好，起码不会比50元一件的差，从销售的角度你想破脑袋也想不通，这一元一件的衬衫到底是怎么赚钱的？明明连纽扣的成本都不止一元钱！从营销的角度，这就很容易理解：人家一次进1000件衬衫，25元进价，第一批50元一件卖出，卖出500件，已经收回成本；第二批再以35元一件卖出，卖出450件赚取利润；最后剩下50件，一元钱一件买给你，那一元钱也是利润。

如果你真正想实现从销售到营销的跨越，请记住：赢利规则是企业营销中随时都会遁去的一，但唯有赢利规则的运用，才能够使企业真正去营销。

3

强盗逻辑

逻辑是一个很复杂的范畴。逻辑有很多的定义和概念，但是所有逻辑只研究一件事，就是行为的有效性。销售和营销一样，为了实现销售行为和营销行为的有效性，都必须拥有自己的逻辑。

表面上很多人在自己企业的最醒目位置写着："顾客就是上帝！""顾客永远是对的，如果顾客错了，请参照第一条执行。""我们一定要最大限度地满足消费者的需求！"实际上他们的做事原则却是："市场没有救世主！""市场不相信眼泪！""市场哪有真情在，骗你一块是一块！""要么搞定客户接受，要么说服公司让步，否则就自己走路！"这就是销售的逻辑！这就是所谓的显规则与潜规则并行的必然结果。

销售的逻辑与帝王学十分类似：消费者就像帝王，销售者就像是朝廷重臣，每天都用奉承或者惹怒的办法引起帝王的注意。大臣认为自己的生死就掌握在帝王的手中，所以每天三拜九叩三呼万岁，一旦羽翼丰满，不是挟天子以令诸侯，就是举旗造反。大臣的逻辑就是，既不是伪君子，也做不成真小人；没有忠臣，也没有奸臣，只有弄臣。其实这也就是那些销售导向的企业公司政治泛滥的根本原因。

实际上最迷茫的还是销售者本身。看遍了所有的职场攻略，研究了所有的显规则和潜规则，但还是无所适从，因为销售的逻辑总结起来就是：存在就是真理！销售的逻辑是一个生存的逻辑，根本与发展无关。用生存的逻辑去解决发展的问题，最后只能是逻辑混乱，行为无效。

很多人都在研究营销的逻辑，他们心存畏惧：销售的逻辑已经如此复杂，营销的逻辑简直想都不敢想，但事实恰恰相反。在赢利规则的指引下，营销的逻辑既简单又直白，完全不同于销售逻辑的暧昧和模棱两可。企业营销从本质上讲，就是一场资源争夺的游戏，营销者根本不必像销售者一样自欺欺人，资源的争夺本身就没有什么好客气的。

你知道在争夺的游戏中，谁是最大的赢家吗？强盗！强盗是最大的赢家！正像每一次繁荣前，都必然会出现铁腕人物一样；每一个企业成功的营销，要实现资源的重新分配，都必然遵循强盗逻辑，所以营销的逻辑其实就是强盗逻辑！这也许很不君子，也不英雄，与东方崇尚君子和英雄的文化有些格格不入，但却最有效！

营销的逻辑也许很强盗，但并不复杂，读完本章，你就会发现，其实都是一些普通得不能再普通的简单规律的应用。

如果你真正想实现从销售到营销的跨越，就必须摒弃暧昧和模棱两可的销售逻辑，运用毫不做作的营销逻辑——强盗逻辑！

15.你是强盗你怕谁

所有销售训练的最基本内容，就是消除新销售人员的恐惧感！他们怕什么呢？无非就是怕跟陌生人说话，怕说错话，怕被人笑话，怕被人拒绝，怕被人看不起！

所有销售训练的激励课程，其实唯一的目的就是消除销售人员的自卑心理。你知道有自卑心理的销售人员占总数的多少吗？如果你回答50%，我告诉你，你的胆子太小了，至少超过80%。

你认为这样的训练很必要吗？你认为这样的训练很有作用吗？实话告诉你，这样的训练根本没有必要，而且根本没有实际作用。当你看到那些训练中激情高涨的销售人员，像没头苍蝇一样在市场上乱撞；当你看到那些与客户融洽沟通的销售人员，却一份产品也没有卖给客户；当你看到那些对客户又倒茶又鞠躬的销售人员，最后一分钱也收不回来，你就明白那些所谓的训练有多可笑！

有办法让这些销售人员迅速成熟起来，成为营销的精英吗？当然，你只要让他们明白一点："你是强盗你怕谁？"

如果你是强盗，你根本不会恐惧，只有别人怕你；如果你是强盗，你根本不必在任何人面前自卑，只有别人在你面前自卑！强盗是唯一从不讨价还价和担心缺斤少两的人。你见过有人跟强盗商量抢多少吗？还是你见过强盗抢人之后，回头算账的？

这就是事实：在销售的逻辑里，你怎么也跳不出"讨价还价和缺斤少两"的怪圈，但在强盗逻辑面前，这个怪圈根本不堪一击。营销的强盗逻辑强调三个最基本的实操原则，是对销售逻辑的彻底颠覆！

第一，说得多不如问得多。最开始你认为，销售人员一定是个能说会道的角色，所以你不停地想说服别人，但最终会发现，你能说服的只是那些想被你说服的人；后来你认为销售人员不能光说，还要学会听，认真地倾听，你觉得发现了新大陆，但最终会发现，你能听到了，仅仅是人家想告诉你的。你见过强盗喋喋不休地跟人家说自己的

43

强大吗？你见过强盗耐心听你的成长历程吗？没有！强盗的逻辑就是问："你有多少钱？你的金条藏在哪里？你的银行卡密码是多少？"所以"说服"和"倾听"都是销售的逻辑，营销的逻辑讲究"发问"。有很多企业家都只有小学毕业，但他们拥有千万以上的身价，每个企业家好像都是活电脑，什么都懂！当你走近他们，你就会发现他们成功的秘诀：问！不停地问！向老师问，向朋友问，甚至向同行问，向下属问。简单讲就是：问对问题赚大钱！多问问题，学会怎样问对问题，是从销售逻辑到营销逻辑的跨越！

第二，给得多不如要得多。销售的逻辑习惯于先展示实力、规划远景、描绘未来，然后再谈眼前应该怎么做。总是习惯于提前告诉客户，我有多少东西，我能给你什么东西，然后再说我要什么。这也许对第一次接触有用，但如果你每次客户拜访都使用这个逻辑，你付出的就会越来越多，得到的反而越来越少，因为你要东西之前，你能给的人家都知道了。强盗从来只谈要什么："把钱包拿出来，把表摘下来，还有耳环、戒指！"强盗的逻辑就是：你要得越多，得到的也就越多。销售的逻辑是先给再要，营销的逻辑是先要再给，要不来就不给。你不敢要求，不能要求，你给得再多也是白给。

第三，与其解释为什么，不如告诉是什么。销售人员被问到太多的为什么了。为什么你的产品比别人的贵？为什么别人降价你不降？为什么它经营的品种数量比我多？为什么它的经营地域比我广？于是销售人员不停地解释。销售逻辑的最大问题就是总是希望给出合理的解释，但从来就给不出客户满意的答复。从来没有人问强盗为什么抢劫！大家一看到那些蒙着面、拿着刀、把自己拦住的人就知道是为什么了。销售的逻辑就是不停地变换解释方式；但营销的逻辑不同，营销的逻辑就是尽量不解释。销售人员每天想着钻公司政策的空子，但营销人员最伟大的法宝就是："公司规定。"这四个字就是营销最好的解释！营销逻辑的前提就是：营销人员必须敢于义正严辞地通报和执行公司规定！营销人员不必要解释规定为什么是这样，只需要跟客户讲清楚规定的具体内容。从根本上讲，销售的逻辑更多地依赖销售人员的个人能力，营销逻辑更多地依靠企业的综合能力。

如果你真正想实现从销售到营销的跨越，请记住：你是强盗你怕谁？多问！多要！唯一必须解释清楚的就是公司规定！

16. 掠夺而不是制造

强盗为什么做强盗？因为他觉得自己拥有的不够多；强盗凭什么横行？因为他觉得自己有能力在争夺中获胜！他们从来不会自己制造任何东西，除了用来掠夺的武器。

强盗逻辑的有效性体现在两点：第一，你必须深刻地认识到你的资源还不够多，具有占有资源的欲望；第二，你必须对自己获得资源的能力充满强烈的自信，锻造占有资源的能力。这两点都是营销人员必须具备的。

销售与营销的区别就是：销售把客户看成对手，营销把客户看成资源。在销售的逻辑里，销售人员与客户在进行一场智慧和力量的比拼，以一方击倒或者臣服另一方为胜利！营销的逻辑不同，营销人员与客户在进行一场不一定公平，但却绝对公正和公开地合作，以双方的互利和团结为胜利！

强盗从来不在乎你的学历和外貌，他只在乎你有多少东西可抢！企业营销的强盗逻辑中，面对市场和客户，眼里也只有资源。客户是市场中不可再生的重要资源。在某个具体市场中存在的某个大客户，不是企业营销创造出来的，你进入这个市场之前，他就是已经存在的资源。如果不能与之合作，你也不可能再复制一个这样的人出来。所以在营销的逻辑中，客户绝对不是培养出来的，而是选拔出来的。这就像最好的销售人员从来不是培训出来的，而是选拔出来的一样。只可惜销售导向的企业仅仅把这个逻辑用于自己的销售人员，而没有运用到客户的身上，所以他们那些优秀的销售人员一旦离开，他们优秀的客户也就离开了！

销售逻辑，总想把客户培养成为帮助自己而绝对不帮助竞争对手赚钱的工具。于是那些销售导向的企业，总是宣称他们制造了多少富翁，却避而不谈每个富翁都有的艰辛历程。如果制造富翁真的像制作罐头那么容易，富翁也就不能再称为富翁了。但销售的逻辑就是要把这样简单的问题复杂化。事实是，就算每个行业的前十名都在同一天关门倒闭，市场和客户也根本不会受到丝毫影响。

营销逻辑就是不断从现有的市场资源中，把自己的客户选拔出来，团结一致进行互利的合作。这种合作与这个世界上所有的活动一样，根本没有所谓公平不公平的标准，但是必须有一个统一的标准，并坚决执行这个标准，这就是公正。让合作双方都清楚这个标准，这就是公开！所以营销并不是要制造富翁，营销要做的事情就是，不断地把现在的富翁客户和最有潜质成为富翁的客户选拔出来，团结起来。从选拔的角度讲，营销的逻辑确实不如销售的逻辑有人情味，显得很"强盗"！但事实就是这样，每年你都可以排出世界500强，每年你都可以排出世界100富豪，强是越来越强，富也越来越富，但每年的名单肯定都不同。

从销售的逻辑出发，从市场铺市率和市场占有率的角度出发，你的销售永远面临成长的烦恼。你要不要增长？越是不断增长，分销深度越深，你的烦恼就会越多越大，最后死掉。现在深度分销已经走到了尽头，是该彻底反思一下的时候了！根本原因就在于，你一直想凭借企业自身的力量，去编织一张大网，总是想自己制造一个帝国称王，所以你必须所有的问题都自己扛，所以你的资源枯竭，所以你无法解决成长的烦恼，所以你不能再成长，而是开始萎缩、分化成一个空壳后逐渐消失。

从营销的逻辑出发，你根本不必对着所谓的铺市率和占有率的数字发呆，也没有必要为如何继续成长而烦恼；因为你只是个资源的掠夺者，而不是制造者。那些资源本来就不是你的，你来与不来，那些市场资源都一样存在。今天是你的，明天不一定还是你的，或者说你今天需要，可能明天已经不想要。营销者所要做的事情，就是不断掠夺自己需要的资源。这样做的结果就是：也许你的铺市率和占有率在"量"上没有增加，但你拥有的资源在"质"上有飞跃，你就是永远的赢家！

销售逻辑的烦恼在于，它总想把好的变得更好，实际上是自己为了别人的事情而烦恼！营销的逻辑很简单：就是要把那些最好的资源掠夺过来，不断地掠夺。这就像打牌一样，销售者总是期望别人的牌比自己更差，想尽办法用特异功能把自己的牌变好！营销者却只研究一件事，每一轮都把最好的牌拿到自己手中！

如果你真正想实现从销售到营销的跨越，请记住：营销真正要做的事不是自己去制造资源，而是与时俱进地把最好的资源掠夺到自己的阵营。

17.人的正确思维从哪里来

所有强盗在抢劫之前都在想一件事：怎样才能够抢到我需要的东西；所有被抢劫的人都在想一件事：真倒霉，为什么今天被抢的偏偏是我？营销的逻辑就像一个行动之前的强盗，只研究我到底应该怎么做；销售的逻辑就像被抢了的人，总觉得际遇不佳，不是埋怨客户挑剔，就是责怪竞争对手乱来。

正因为有了目的明确的营销者的到来，再加上碰运气的销售者的乱撞，我们正生活在选择的暴力之中，每个产品或者服务品类，都有如此众多和类似的产品和品牌可以挑选。近年来，销售和营销领域还有一个与战略一样热门的词汇——定位。所有的企业几乎都在研究与定位相关的问题。

定位最关键的问题就在于，人的正确思维从哪里来？这个世界上最后生存下来的生物，永远不是最聪明的，也不是最强大的，而是最能够适应环境的。所以，人的正确思维不是从聪明和强大的比较中来，而只能从环境中来。环境与文化一样，没有简单的对与错，只有差异。在英国，吻陌生女士的手是绅士行为，在中国就被称为流氓；你认为好的产品和服务，别人不一定认为合适，这就好比即使是世界上最漂亮的女人，也不可能所有男人都喜欢。

销售的逻辑认为，人的思维是理性的，所以人的正确思维从比较中来。营销的逻辑认为，人的思维是感性的，所以正确的思维从认同中来。于是销售导向的企业都在通过比较优势来定位：我的规模比别人大多少，我的员工数量比别人多多少，我的员工素质比别人高多少，我的产品性能比别人好多少，我的价格比别人低多少等等，只要我比所有的对手都强，我就肯定会被消费者的思维选中！但营销导向的企业始终都通过选择认同来定位。我所做的一切，不是为了告诉你我比别人强多少，只想告诉你，我是最适合你的！你选择了我，我选择了你，这是我们的选择。

这里不得不谈一下品牌的问题。从品牌的定位，你就完全可以判断，你的企业是销售导向的还是营销导向的。很多企业为他们的品牌起了很有意义的名字，起码企业家自己说得头头是道，设计了很有视觉冲击力的企业视觉识别系统，他们甚至为品牌编制很美丽的故事。我每一次都不忍心告诉他，他只是在销售，根本没有营销。但事实是，销售逻辑的品牌定位是在宣称：这就是我，我比别人优秀！但营销逻辑的品牌定位始终表示：我是你的！这是我们的选择！理性是用来判断的，只有感性才左右选择！

理性导向的销售定位是在进行一场胜负的比赛，只研究怎样能比别人强；感性导向的营销定位是在谈一次彼此选择的恋爱，比你强的人太多了，关键是告诉对方你是最适合的选择！比赛是艰苦的，但恋爱是痛苦的。比赛的成绩到了一定的水平，提高一点点都势比登天；恋爱中的人是不讲道理的，都是强盗逻辑！

如果我们这样对待自己的客户：一见钟情胜过十年同窗，喜欢上他就死缠着不放，有时间就一定泡在一起，绝对不被他的眼泪吓倒，对他说善意的谎言，为个小事情狠狠吵架，看别的厂家一眼就大发脾气甚至不惜用分手来威胁以获得一些特权。你肯定认为这完全是强盗逻辑，但你就是这样谈恋爱的,这的确就是营销的逻辑！你不这样做，就算你是最强大的，最后被选择的一定不是你！

如果你真正想实现从销售到营销的跨越，请记住：人的正确思维从环境中来,销售的定位是在进行一场比赛,营销的定位是在谈一次恋爱。

18. 让步是最糟糕的营销

销售的逻辑其实都是"我敬人一尺，人就会敬我一丈"的自欺逻辑。"广告促销费用增加50%，销量就会增加100%。""客户奖励增加

50%，销量就会增加150%。""价格降50%，销量就会增加200%！"你可能也觉得这种逻辑可笑，但回想一下企业的销售策略，玩的就是这种游戏：拿成本来搏取利润，还要强迫自己相信投入产出比大于一。如果你的营销总监，真的可以保证每次的投入产出比都大于一，他肯定早就离开你的企业了，因为他的水平已经超过了全世界最杰出的投资专家！

那些销售导向的企业，总是抱怨他们遇到的状况太糟糕了，因为他的客户和销售人员都在跟他讲"你敬我一尺，我敬你一丈"的逻辑，于是他就小心翼翼让了一尺，结果不是得到了一丈，而是越来越糟糕的状态。销售导向的企业为什么会选择让步呢？因为他们觉得让步可以获得利益。但让步只会损失利益，如果对方是恶意的，你一旦让步他就会变本加厉、紧追不舍；如果对方是善意的，你一让步，就说明你刚才要了滑头，他肯定觉得你不够厚道！通过让步来获得利益，是你自己骗自己。

营销的逻辑可没这么人性化，营销的逻辑就是如此强盗：决不让步！在营销的逻辑中，让步是最糟糕的营销！对客户寸步不让，对市场寸土必争！中国有句老话叫"退一步海阔天空"。在营销中，只要你退一步，你也会海阔天空，因为失去了利润，你想不空都不行！中国还有句俗语："给别人留点余地，自己好转身！"在营销中，只要你一转身，你就会发现已经掉下了悬崖。如果你既不想两手空空，也不想掉进悬崖，请紧记营销的强盗逻辑：决不让步！

销售的逻辑这样卖衣服："这衣服多少钱？""120元。""太贵了！""你是真心买吗？""当然！""给你100元""还是太贵了。""那你出个价。""60元。""我进货也不止这个价格，最低80了。""70元，不卖就算了。""再加5元钱吧，总得让我们赚点！""我走了，再去别处看看。""嗨！你回来，70元卖给你了！"

营销的逻辑这样卖衣服："这衣服多少钱？""120元。""太贵了，便宜点。""对不起，我们这里都是明码实价的，这件衣服前两天还卖240，现在已经打了5折。""真不能便宜了？我要去别处看看。""这件衣服确实很适合你，衣服有质量问题我们包换，而且如果卖贵了我们包退，不信你就出去看看。"

如果你从来没有拒绝过让步的要求，你的营销肯定很糟糕；如果你只是简单地说"不行"，你的营销也好不到哪里去。一旦让步，你肯定损失利益；决不让步，你就绝对不会损失利益；但要获得利益，你还要学会如何能够不让步的方法！

简单说"不"是不行的，你要想能够决不让步，就必须学会四个字："可以"、"但是"。

我在海南热带植物园旅游的时候，碰到了一位导游，是一个马来西亚的华侨，我很崇拜他，因为我觉得他简直就是营销的大师。他介绍一株橘红色果子的植物时，游客问："这果子可以吃吗？"他回答："可以！但是吃了以后会翻白眼！"当他介绍一个池塘的时候，游客故意逗他，这里面可以见到鲨鱼和鳄鱼吗？"他回答："可以，但是要等到三天以后。"游客问："为什么要等三天？"他说："现在这些鱼都刚喂过，如果我连续3天不再喂这些鱼，3天以后就会有很多饿得不能再饿的'饿鱼'和饿得只能吃沙子的'沙鱼'！"他总是一字一板地介绍景点，面无表情地回答游客的问题，但他从来不会对游客的任何问题说不，他总是回答"可以"，然后加上"但是"！

如果你真正想实现从销售到营销的跨越，请记住：让步是最糟糕的营销；决不让步的方法就是跟他说："可以……但是……"

19.先兵后礼

如果你是一个真正的营销者，认识到让步是最糟糕的营销以后，你肯定已经在思考：什么是最好的营销状态呢？学会如何决不让步只是一般的营销状态，从营销的强盗逻辑出发，最妙的营销状态就是秀才遇到兵——有理讲不清！强盗根本不会听秀才的道理，秀才自己也知道根本讲不清。于是大家都不必去为所谓的道理烦心了，清清爽爽做生意，因为道理是根本讲不清的，过程永远是"公说公有理，婆说婆有理"，结果一定是"清官难断家务事"。

可惜那些销售导向的企业，总是想把道理讲清楚，总想以理服人。他们甚至像辩论赛一样认真，总觉得自己的道理对方还不清楚，对方一出现语病就抓住不放。但这是做生意，不是辩论赛，结果只能是赢得了辩论赛却输掉了生意！

销售的逻辑总想先礼后兵，但营销的逻辑强调先兵后礼；销售者总是想先通过讲理建立权威，实在不行就撕破脸皮，大打出手。营销者不同，营销者总是先排兵布阵树立权威，然后再通过讲理建立感情！

现在的渠道管理，串货斗价应该是最头疼的问题之一了。从你的企业对串货斗价的管理方式，你就可以判断你是在销售还是在营销。串货斗价大体上可以分为三种：

第一种称为自然型，重在串货而不是恶意斗价。某地某产品暴力经营，想形成局部垄断，临近地区自然会被利益驱使，有货流入。销售导向的企业处理这样的问题，总是先去找串货的一方讲理，再去安抚被串的一方，维护自己的权威。营销导向的企业，处理这样的问题就是：各打三十大板，串货的该打，被串的更该打。

第二种称为严重型，既重串货又重斗价。自己的区域做得好好的，却总是故意要到别处去捣捣乱，反正是别人的地盘，能吃一口多一口。销售导向的企业处理这样的问题，因为合同上有言在先，不是按合同执行处罚，就是把双方约到一起，让一方向另一方道歉，达成谅解。营销导向的企业，这时候必须跳起来，啥也别说，叫被串的把所有串过来的货全部高价买回，然后去找串货的，费用你全出。

第三种称为斗气型，重不在串货而在于恶意斗价。对面的人卖得好，我就是看不顺眼，搞少量同样的东西摆在家里，价格标得低低的，逢人就说："你看他多黑心，赚了你们多少冤枉钱！"别人要买他又说："这东西差得很，白送给我都不要，我给你介绍点好的！"销售导向的企业处理这样的问题基本是束手无策。营销导向的企业处理这样的问题是必须蹦起来，强行收回，你不给我，我就挑你最赚钱的品种斗你，你不服气，就跟我斗斗看。

这些只是粗糙的表面现象，但足以显示销售和营销的逻辑区别。销售者面对串货斗价总是很紧张，但营销者面对串货斗价总是很强硬；销售者总是先讲道理——说好了再做，营销者总是先行动——做完了再说；销售者紧张是因为有理虽然可以走遍天下，但却经常碰壁；销售者强硬，是因为对自己的布局充满信心，对方即使自己认为有理，也已经是寸步难行。

确实，我知道你想说什么，营销者很没有绅士风度，简直像个强盗。但你认为张瑞敏砸冰箱叫绅士风度吗？补充新鲜血液让很多人大叫"逃离华为"，大裁员让很多人感慨"联想不是家"，内部管理尚且如此，何况你面对的是市场。这不是宴会，这是营销，抛弃所谓的绅士风度吧。

如果你真正想实现从销售到营销的跨越，请记住：这不是辩论赛也不是宴会，这是营销，大道理和绅士风度都必须抛弃。但这很难，就好像人人都想进天堂，但没有人想死。

20. 谈判是在厨房里学会的

销售和营销领域还有一个非常关键的问题，必须依靠逻辑来解决——谈判！

无论你看过多少关于谈判的书籍，听过多少有关谈判的培训，参加过多少次谈判，你都必须承认：在谈判中，那些彬彬有理的，受人喜爱的家伙，都是做销售的；只有那些表现得像个强盗，甚至被人讨厌的人，才是做营销的。因为真正的营销谈判，既不是在书本上学会的，也不是在商学院里学会的，更不是在会议桌上学会的，而是在厨房里学会的，从出生开始，你每时每刻都在谈判。

有人说谈判是知识和努力的凝聚，是对勤劳和能干的人的一种报酬；也有人说谈判是人们为了改变关系而交换观点；美国谈判学会会长杰勒德甚至说，人类的谈判史与人类的文明史一样长。千万别把谈判想得太复杂，不然你穷尽一生，连谈判到底是什么也搞不清。对于营销来讲，谈判无非就是个讨论利益交换和分配的过程。

销售的逻辑总是过分地依赖谈判，他们总是想靠一次完美的谈判来解决所有问题。"把你们老总叫来，我要跟他好好谈一谈。"这是销售最常用的逻辑。那些企业的老总，总是很急切地问我，到底怎样才能提升他的销售人员的谈判技巧，因为他觉得自己的人总是在谈判中吃亏，这很不公平。营销的逻辑根本不依赖谈判的过程，只看重事实，而且营销的逻辑在谈判中从来不强调公平，只强调自己的决心和坚持，让对方自己决定！

这道理很简单，如果双方之间存在一个公平的标准，谈判根本就没有存在的必要。我觉得律师的例子最能说明问题。律师分为两种：一种是销售型的小律师，他们赚小钱；一种是营销型的大律师，他们赚大钱。两者最大的区别就在于他们的谈判方式不同：销售型的律师这样谈判："请问我这个案子能赢吗？""只要你聘请我就肯定能赢！"营销型的律师这样谈判："请问我这个案子能赢吗？""在我了解所有事实之前，无可奉告！"

如果是你，你会选择哪个律师呢？事实是，"肯定能赢"的承诺只会使销售型的律师失去生意，"无可奉告"显示的专业素养为营销型的律师赚来大钱。这就是谈判的真谛：你必须让对方相信，所有的决定都是他自己做的，而不是因为你的威逼或者利诱！

一切都由对方自己决定，如何体现自己的决心呢？有一个故事，如果想成为真正的营销谈判者，希望大家仔细品味：兄弟两个人为分蛋糕产生争执，哥哥说："我是哥哥，个子大，能吃，我要大块。"弟弟说："我是弟弟，我小，你应该让我，我要大块！"争执惊动了妈妈，妈妈不动声色，拿来一把刀，对哥哥说："你是哥哥，你来切蛋糕。"对弟弟说："你是弟弟，哥哥切好的蛋糕你先挑。"这时候好戏来了，哥哥颤抖着手切蛋糕，恐怕切歪了；弟弟眼睛瞪得大大，恐怕看不准选错，但结果是两个人都很开心。

谈判中，如果你想得到这样的结果，你必须明白自己的要求，并知道如何去得到它，而且要冷酷无情、不怕差、不后悔、没有负疚感，根本不必为一次谈判做长远的打算。这个逻辑也许听起来很强盗，但这就是营销谈判的逻辑。

说起来很惭愧，我儿子今年6岁了，在我与他6年的谈判中，他是绝对的赢家。而且这种状况可能还会继续。因为每个孩子都是用上面的营销逻辑去谈判的；与他们对决，根本没有胜算，为了得偿所愿不顾一切的决心是孩子的天性。

如果你真正想实现从销售到营销的跨越，请记住：营销者的谈判就是必须拥有孩子般不顾一切的决心，并始终坚持让对方自己做出决定！

21. 从跑马圈地到占山为王

强盗也不可能总是横冲直撞的，强盗也有谨慎的时候。你见过强盗去警察局抢劫吗？没有！但销售导向的企业最常做的事情就是去警察局里抢劫，他们甚至宣称："没有不好的市场，只有不好的销售人员。"

很多企业在做营销咨询的时候，都会拿一大堆资料给我，说这是他们的营销资料。我说你拿错了，这只是销售资料。你的资料虽然很全面，但我最需要的内容没有：你的产品到底应该去哪里卖？你是用什么方式卖的？

强盗通常都在自己的势力范围内活动，而且几乎都坚持一个通用的抢劫方式：月黑风高，以优势的人数隐藏在暗处，等对方进入包围圈，呐喊着一起冲出去，这就是强盗逻辑的核心内容。

所以营销的强盗逻辑，最谨慎和最关键的环节，就是营销的布局和资源的配置。没有一个好的布局，再多再好的资源都能浪费掉；有了好的布局，资源配置不好，也是一个死局。这是营销逻辑与销售逻辑最根本的区别所在！营销逻辑认为：没有不好的营销人员，只有不好的营销布局和不好的资源配置。

销售的逻辑喜欢跑马圈地的痛快感觉，他们的布局逻辑是，我的马跑到哪里就布到哪里，他们称这是销售机会。你不跑过去，就会失去很多，被别人抢去很多，只要马累不死，能跑多远就跑多远。销售导向的企业，总是对你说他的网络覆盖多少个省，产品远销多少国家。他们的资源配置逻辑就是鲜衣怒马，全线推进，他们称这为销售氛围和销售势头，讲求陆海空全方位的立体配套。所以销售导向的企业，无论走到哪里，用尽资源也要大张旗鼓，恐怕别人不知道他们来了。这样的销售方式曾经打过无数的胜仗，原因仅仅是碰到的对手太差。只要稍稍出现一点阻碍，跑马圈地的壮举，就成了白跑一圈的杂技表演！

营销的逻辑只相信占山为王的静稳智慧，他们的布局逻辑很简单，就是有选择地一个山一个山地称王：并不是所有的山我都要占领，别人得到的并不是我失去的，我只占领能够相互呼应的那些；就算别人失去了，我也不一定需要，但只要我占领了，我就一定要称王。所以那些营销导向的企业，都是市场布局的高手。他们的资源配置逻辑更简单，就是集中一点突破，集中资源，一波一波地推动。所以那些营销导向的企业，总是特别低调，总是给人突然的惊喜，仿佛一夜之间就改变了一切。其实所有的营销奇迹，都是这些布局的高手，集中资源突破的时候无意中创造的！

关于布局，我见过的最有趣、最值得大家思考的例子就是移动和联通。当移动和联通竞争最激烈的时候，我突然发现了一个很有趣的现象。出差的时候，因为有很多电话要接，信号又不稳定，所以很关注那些山头上的信号发射塔。以前隔一段距离，就会发现一个发射塔，上面写着："中国移动"四个蓝色的大字，那时候经常感叹，怪不得移动的信号就是好。后来似乎一夜之间，那些信号塔的同一山头或隔壁山头，都多出来一个塔，新塔跟原来的模样差不多，只是略高了一点，上面写着："中国联通"四个蓝色的大字。我经常感慨地说：怪不得联通收费比移动便宜，只发射塔选址一项，就狠狠省了一大笔，根本不用分析测量，在移动旁边立一个就是了！这就是布局的威力和布局的风险。

关于资源配置，最典型的例子就是脑白金的推广。有人说，史玉柱当年虽然资源紧张，还是拍了十几个广告片，让专家评选，最后他挑了一个专家认为最差、最土的片子："今年过节不收礼，收礼只收脑白金。"这就是对资源的理解。专家认为最差的也许恰恰就是消费者最喜欢的！脑白金的火爆也不是一下子就铺天盖地而起的，是集中资源在江苏的一个县城拉开序幕，逐步升级的连锁反应！

如果你真正想实现从销售到营销的跨越，请记住：忘记跑马圈地的痛快感觉，实践占山为王的静稳智慧，时刻思考如何布局，如何配置资源，这几乎是营销逻辑有效性的全部。

4

穿越理论

我们接触的市场营销理论太多了，而且以后肯定会越来越多。每一个理论、每一本书，对于我们具体的每一个企业、每一个人，可以是一种引导，也可能是一种误导。引导与误导之间，其实只有一线之隔。理论最大的特点就是看起来很完美。正是因为理论的完美，销售者根本走不出理论的迷宫。你徘徊在众多理论的迷宫里，任何一个理论对你都是误导，你只有清醒地穿越所有理论，理论才能指引你实现从销售到营销的跨越。

营销者时刻提醒自己：任何理论都不是事实，理论只是从某个角度对事实的残缺描述。因为所有的理论都是用语言和文字来表述的，语言的感染力和文字的修饰功能，对事实行使了美化和曲解两项特异功能！但销售导向的企业对理论的崇拜，就好像伊斯兰教徒，无论发生多少意外，一定要去麦加朝拜。不可理解吗？他们确实是这样做的！

特一级厨师做出来的菜味道一定很好,但没有任何医生可以保证,你吃特一级厨师做的菜就不会闹肚子。如果你看了这本书,说你很崇拜我,或者不经思考地把一些东西运用到你的企业实践,我恳求你,再看一遍!

中国人已经把谦虚的美德发挥得太淋漓尽致了,孔孟之道至今长盛不衰,孙子兵法用在商战也百战不殆!从现在的营销理论引进来看,看书首选科特勒,抓效率就6个西格玛,上软件就ERP,举例子就韦尔奇、通用。到底我们的企业家和企业,与韦尔奇和通用有多少现实的相似度和可类比性?我们似乎很少去想。现实就是现实,任何理论都无法完全描述,现实与理论发生冲突的时候,人们通常选择让现实为理论让步,因为理论永远比现实完美!于是,现实就一次一次用它现实的手段痛击理论的头,世界其实就是这样演进的。

理论本身是排斥相互对比的,好的理论都自成体系。新理论的立论基础都是"标新立异"充分说明了这一点。管理是一种实践,指导实践的是理论,真正连接两者的是感悟。你可以决策自己的实践,你可以创造自己的理论,但没可能也没必要去强求别人的感悟。实践就是干自己的,让别人去说!理论就是说自己的,让别人干去!感悟与这些不相干,但感悟才是真正属于你自己的。

我们的营销理论,总想去找到一个基业常青的基因,一个从优秀到卓越的密码,但这是最不现实的幻想。就算基因可以遗传,也肯定是每个人的基因都不同。你使用过密码吗?你会轻易告诉别人你的密码吗?别人知道了你的密码,你还会继续用吗?理论对于营销,就是这样一种状态。"事前诸葛亮,事后猪一样!"你能够活用理论,灵活到忘记的程度,完全变成自己的东西,你才是诸葛亮!

如果你真正想实现从销售到营销的跨越,请记住:销售者总是身陷在理论的迷宫里无法自拔，营销者必须能够轻松地穿越所有理论。

22.产品就是拳头

传统的4P理论，第一个P就是产品（Product）。地球人都知道，产品很重要，所以关于产品的理论特别多。古龙有一本名著叫《七种武器》，第一种武器就是拳头，拳头是力量的象征。产品对于销售者来讲只是辅助推销成功的工具，销售时你不仅要带着它，而且要了解它，同时知道在销售中如何展示它；营销者把产品看作拳头，无论营销有多少种武器、多少必杀的绝技，最有威力的就是拳头。如果你还没有认识到产品就是你的拳头，你就还没有穿越产品的理论，你还不是一个营销者。

产品最基本的定义就是生产出来的成品，但成品只能产生库存，只有商品才能创造价值。不要以为你做好产品的商品化，把产品变成商品，你就穿越了产品的理论，其实你仍然徘徊在产品理论的迷宫里。对于营销者，产品是保证营销成功的最伟大的力量。

如果你要向市场推出一个产品，请记住，无论组成这个产品的要素多复杂，无论人们评价这个产品的角度有多少，你都必须把最关键的几个要素和角度融合起来，握成一个拳头，再推出你的产品。通常就像一个拳头一样，组成它的元素也就是五根手指，少于5个力量不足，多于5个容易伤到自己。没有拳头，你千万别去碰运气；一旦形成拳头，就千万别犹豫，挥拳出击，否则就会丧失机会。

商务通在推出之前，PDA的市场竞争已经很激烈了，但所有市面上的产品，还没有一个称得上拳头。所以商务通握成拳头大叫："呼机、手机、商务通，一个都不能少。"你戴个英显传呼机牛了不到3个月，你同事都用汉显的了；你刚美滋滋地说："有啥事CALL我就行了，我是汉显机。"人家的大哥大都买回来了；你拿着大哥大，仰着头打电话没几天，你秘书都用翻盖的了！商务通这样拳头一挥，你还犹豫什么？商务通把你用呼机和手机的感受握在一起，力量就来了，产品的拳头就形成了！

可口可乐和百事可乐两大巨头席卷中国市场的时候，虽然有上千家饮料企业倒闭，但至少有10家可以挥拳回击的，因为毕竟还有渠道的优势。只要把渠道和可乐握在一起，再加上几个要素，完全可以打一拳，但只有娃哈哈打出了"非常可乐"这一拳，这一拳现在还被称为中国的奇迹。乐百氏当时也酝酿了一拳，叫"今日可乐"，可惜它没有出拳，而更多的人连握拳头的想法都放弃了，所以"特别可乐"、"明日可乐"、"百年可乐"、"家事可乐"等等，都放弃了出拳的机会。确实只能说遗憾！这真的不是因为别人的营销太强大，而是因为我们的营销太无知。

现在的制造企业都在宣扬，我有多少大系列多少个产品；现在的流通企业都在鼓吹，我经营多少个品牌多少个品种，但事实是：无论你生产多少种产品，无论你经营多少个品种，这都没有用，这只能说明你有多少根手指，关键是它们能否握成一个拳头。一个单一的产品不是拳头产品，你的企业还可以苟延残喘，但你所有的产品组合不成一个拳头，你就死定了！

销售导向的企业，都在对产品做两件事：一件是跟人家比手指的多少，一件是把自己的每根手指都拼命拉长变粗。营销导向的企业对于产品，只干一件事：把所有产品握成一个拳头，不能握成拳头的手指，再长再粗都把它砍掉。这方面做得最好的例子，就是摩托罗拉在中国的手机产品。你随时要买摩托罗拉的手机，都有目前最好的机型等你，但你别太骄傲，几个月以后它就不是最好的了，它的价格也变得让你更泄气，这就是摩托罗拉产品在中国成功的秘诀。所有竞争对手都在比手指，但摩托罗拉在挥拳头。其实很多手机企业都不服气，但你总是苦守超奢侈的全线产品，为打造一根金手指耗尽心力，拳头打来，你不服气也没办法！

如果你真正想实现从销售到营销的跨越，请记住：穿越所有产品理论，产品就是拳头，你的产品必须是拳头。

23.价格就是杠杆

传统的4P理论，第二个P就是价格（Price）。关于价格的理论实在太多了，不要说如何运用价格在市场上赢利，仅仅如何确定一个产品定价的理论，都已经足够令大家头痛。

每个产品的价格，其实都是你绞尽脑汁想出来的，但无论你遵循了多少权威的理论，你如果不能真正穿越价格理论，你的价格永远毫无底气。你的销售人员和客户总是说你的价格高，但你去调查就会发现，你的价格不但不高，而且比你价格高的人大有人在。他们总是诱惑你，价格降下来是多么美妙，但如果真的降了就会发现，根本不是那么回事。最有趣的就是，你想价格高点，他们就说你黑心；你的价格一旦降到亏本，他们就用根本不信的语气说："你白痴啊你！"无论你如何解释你的价格，他们就是不理解，或者说他们根本不想理解你，所以你只能表面上把价格把守得像一个堡垒——雷打也不动，但心里却越来越没底！

其实说到底，价格就是商品价值表现在货币上的数量。价格永远只能是个标识值，根本就不是一个真实值，千万不要为价格的多少再去耗费精力了，否则你永远无法逃离价格理论的沼泽。我经常在培训中举这个例子：谁有50元，请拿出来我们做个游戏。他拿给我以后，我就马上给他100元。接下来我问，谁有100元？立刻很多人举手，我拿过来一个100元，马上给他50元，然后我说："游戏结束！"拿50元换我100元的人肯定觉得我很傻，拿100元换了我50元的人肯定觉得上当了，其他人都觉得我有毛病，自己一分钱没赚着，还搞出来一大堆事情。但这就是营销，拿100元换50元，拿50元换100元的事，我们天天干，千万别对价格太执着，它只是一个标识值，而不是一个真实值。货币其实也是产品，银行业的产品就是货币，标了100的价格，跟价值没有必然关系。一瓶水我在超市买就3元钱，在沙漠里你给我300元也不卖给你，关键就是别像我一样，搞了一大堆事，一分钱也没赚到！销售者与营销者的区别就在于：销售者总是通过价格去销售，营销者把价格销售出去。

别人的成本比你低，就一口咬定价格战就是最低层次的竞争；你的成本比别人低，就到处宣扬价格战才是竞争的最高层次。这种竞争方式，你去看看劳务市场就会完全了解。你对待价格的态度，你运用价格竞争的手段，跟那些劳务工没有任何分别。可惜的是，那些营销的高级决策者，基本都不会自己到劳务市场去雇工，所以他们仍然坚定地认为自己很高明。价格其实与竞争无关，价格对于营销的价值在于，你的价格能否撬动市场，而不在于你的价格能否制服竞争对手！

价格根本就不是一个升一元钱就高了、降一元钱就低了的定点研究。价格是一个杠杆，只不过销售者和营销者运用杠杆的方式不同。销售者认为，杠杆的一端是成本，另一端是定价，他们用这个杠杆撬动销量；营销者认为，杠杆的一端是企业，另一端是市场，他们用这个杠杆撬动利润。

　　价格杠杆是整个企业赢利模式的风帆，你怎样运用价格杠杆，决定了你的营销方式和赢利模式。企业营销必须学会撬动威力无穷的价格杠杆，你不敢动价格杠杆就别做营销！

　　销售导向的企业总是把价格视为不可逾越的屏障，一旦松动，仿佛就会山洪爆发。不能动价格的最根本原因是，客户会不接受，会很生气！事实是：客户很生气，后果很严重，企业没利润，后果更严重！

　　营销导向的企业，总是寻找一切机会去撬动价格的杠杆，其实真正突破了价格的理论，撬动这个杠杆的方法很简单。所有成功的运作都是：升价的时候分阶段、分品种、分区域的进行，降价的时候必须一步到位！

　　如果你真正想实现从销售到营销的跨越，请记住：穿越所有价格理论，价格就是杠杆，这个杠杆决定了你的营销方式和赢利模式，你不敢动价格杠杆就别做营销！

24.渠道就是品牌

　　传统的4P理论，第3个P就是渠道（Place）。从字面上讲，渠道就是门路和途径，是销售产品的门路和途径，更是营销运作的门路和途径。

　　现在渠道的理论有多庞大复杂，不用我说，大家去书店看看就知道了。销售和营销本来都是必须有通路的，但通路太多了，反而变成没有出路了！我们每天从各种理论的角度研究渠道，不断选择、构造、建设、规划、梳理、调整、扁平化，但分销的深度越深，反而越感觉到渠道的深不可测！

　　上游渠道的要求越来越苛刻，下游渠道的配合越来越差；投入的人员越来越多，管理却逐渐失控；渠道工作越做越细，费用是直线上升了，挖掘出来的利润却曲线回落。销售导向已经在各种渠道理论的指导下，把渠道管理引入了一个万劫不复的怪圈。

我们很多企业在做所谓的营销分析的时候，几乎都在为一个难题徘徊：到底是渠道重要还是品牌重要？人们得出了很多结论，但所有的结论都是错误的，因为这个所谓难题，在营销中根本不存在。

销售者总是断章取义，认为渠道就是下游的销售通路，所以，渠道对于销售者永远是可利用的工具。为了更好地利用渠道，他们必须争夺渠道的话语权。要有话语权，就必须控制渠道，怎么控制呢？首先自己的管理要领先于渠道，然后去管理渠道，有些企业甚至用限制个别渠道发展的手段去控制。实在控制不了，就自己建立渠道自己管理。这就是销售导向企业的所谓渠道管理！渠道真的是靠领先而管理出来的吗？美国绝对领先于世界上大多数国家，美国要管理他们，你认为他们会如何反应？事实是：那些越是想管理渠道的企业，渠道工作的效率越低下！

营销者总是通盘考虑渠道问题，上游和下游都是渠道，渠道对于营销者，不是载体，更不是工具，而是资源，宝贵的不可再生的资源。营销导向的企业从来不试图领先管理渠道，他们只要求领导渠道。通过什么去领导渠道呢？唯有品牌！对于营销导向的企业，渠道和品牌同样重要，这不是废话，因为对于营销者，渠道就是品牌！

无论是制造业还是流通业的营销，都是如此。大家都有上游和下游渠道，这不是一个简单的通道的选择问题，而是一个你与谁合作的品牌问题。对于上游，选择有品牌的合作伙伴，品牌建设就有了基础；对于下游，品牌绝对不是通过广告和消费者口碑建立起来的，品牌必须从下游渠道中建立。这道理其实很简单，上游就好比你的父母和长辈，他们是你发展的基础；下游就如同你的妻子、小孩和朋友，如果他们都认为你很差劲，你如何获得别人的尊重？

只可惜我们的企业身陷在渠道理论的迷宫里，生硬地把渠道和品牌一分为二，甚至对立起来。总是自作聪明地骗自己：我的资源有限，花了资源塑造品牌，就没有资源管理渠道了！他们的选择就是：要么先把品牌建起来，渠道自己会找上门！要么先把渠道做扎实，品牌自然树立起来！这是最知识化的自我欺骗，就像偷书不是盗窃的阿Q精神。上游能称得上品牌的供应渠道屈指可数，下游如果不首先承认并推广品牌，难道真的用广告费去堆吗？那不是营销，是赌博，是比财富大小的弱智游戏！

如果真正想实现从销售到营销的跨越，请记住：穿越所有渠道理论，渠道就是品牌，选择什么样的渠道，就决定了你是什么样的品牌！你要成为什么样的品牌，就必须选择什么样的渠道！

67

25.促销就是针灸

传统的4P理论，第4个P就是促销（Promotion）。无论促销的理论多么复杂，所有促销都只有一个目的，就是促进销售和营销。

促销的本来的初衷是很棒的。促销的出发点本来就是营销服务，但随着促销理论的延伸，促销的花样越来越多，却变成了漫无目标的推广，甚至连本来的服务初衷也渐渐被淡忘了。在促销方式同质化的今天，你只要稍微清醒一点，就会惊出一身冷汗，因为促销已经成了成本的黑洞。

在终端设立导购本来是一个很妙的促销服务，但竞争对手都设了导购以后，效果越来越不明显，但费用却降不下来了；你承诺大件送货上门，一下子门庭若市，但对门也这样做了，不但分走客源，反而逼迫你就连小件也不得不送货了；三株的传单攻略，确实让你兴奋，只可惜你发出去的宣传彩页，大多数都与竞争对手的传单一起被扔进了垃圾箱；你设计精美的广告刚贴上不到两个小时，就被别人的海报覆盖了；你刚下定决心买100元送30元，对面买100元送50元的横幅都挂出来了！你只能咬咬牙，扔就扔吧，盖就盖吧，送就送吧，大家一起去找死，总好过一个人等死！到这个程度，促销能否起到促进作用似乎已经不重要了，花钱买个活下去的理由和心理平衡反而成了真理！

天啊！到底50%的促销费用是怎么浪费掉的？到底是应该阵地战还是游击战？钱是必须花的，到底该怎么花？都知道把钱花在刀刃上，但刀刃到底在哪里？花钱的艺术成了促销的不解之谜。

销售导向的企业对待促销的态度是急功近利，正是这种急功近利的心态，导致了促销成为花钱艺术的厄运。他们的促销是天女散花式的，可惜的是，花是散尽了，但天女是天女，自己还是自己。营销导向的企业对待促销的态度是谨慎专一的，谨慎到顽固、甚至吝啬的程度，专一得最多不超过三种促销方式。他们的促销是中医针灸式的，轻易不动针，动针就扎到相应的穴位。

针灸的最普遍定义是：一门以中医基础理论为指导、以经络穴位为生理基础、运用针刺和艾灸防治疾病的人体科学。有基础指导，有脉络分析，有穴位选择，有运针次序，是针灸的基本原则。营销导向的促销，必须遵循针灸的这些基本原则。

促销必须遵循的基础指导，就是前3个P——产品、价格和渠道，一定要针对产品促销。有些宣传和广告做的确实很精美，但就是连产品包装的影子都看不到。遵循价格杠杆的运作去促销，为了撬动杠杆做促销，更要为了维持杠杆去促销，促销一过，价格就挺不住了，这种促销没有更好。围绕在渠道中建立品牌去促销，买一双鞋送一个口罩这叫送礼不是促销，更何况那口罩上连皮鞋的品牌标志都没有，送礼都送得不明不白。促销的脉络就是你的商品流过的各个环节，消费者、零售终端、二批、一批、分公司、销售人员，到底哪个环节的流通是瓶颈，就主要针对哪个环节促销，甚至有时候公司内部和上游供应商也是需要去促销一下的。促销穴位就是你的市场布局，就算零售终端是瓶颈，也不要所有终端都一刀切地促销，要对所有的终端进行分类。三类也好，五类也行，关键是确定出来第一批先实施，实施以后根据实际效果再推广。促销次序就更好理解了，就是分区域、分阶段地进行促销。

突破促销的理论，必须拥有谨慎专一的心态，才能熟练掌握针灸式促销的运用。不要简单地为了更大的销量去促销，更不要为了促销而促销，而是要为了信息互动沟通和公共关系建立去促销。

如果你真正想实现从销售到营销的跨越，请记住：穿越所有促销理论，促销就是针灸，一定要以产品、价格和渠道为基础，遵循商品流通脉络，选择重点穴位，分区域分阶段地开展。

26. 顾客只是普通人

关于顾客的理论，我只想说一点，无限度地欺骗或满足顾客，你都会破产，因为顾客只是一个普通人。

关于顾客是上帝的理论，我们前面已经分析过了，顾客是上帝的正面意思是说：顾客要倾听你喋喋不休的祷告，接受你自己安慰自己的忏悔，实现你不切实际的愿望！顾客是上帝的背面是说：顾客不是人，因为上帝不是人，是神！这种理论也能被捧为经典，不能不说是一个奇迹。有了这个奇迹的存在，也难怪那些新进的销售人员不知所措：你让他们天天去接触客户，每一次接触都是让他们去见上帝，但根本就没有人愿意去见上帝！

后来顾客的理论确实进步了，顾客被认为是父母。东西是顾客买走的，钱是顾客付的，顾客不就是我们的衣食父母吗？销售人员去拜访客户就像常回家看看，感觉确实不错。认顾客做衣食父母的背后，就是要衣要食，事实是：就算他们想给你，能力确实有限；就算有限的能力都给了你，不孝的儿女还是比比皆是，这不能说不是一种尴尬。但更尴尬的还是那些信奉这种理论的销售人员，他们是每天都要拜访顾客的，当儿子的感觉实在难以忍受！

顾客是父母的理论不成立了，顾客是朋友的理论就此诞生，麻烦就更大了！原因很简单，只因为人都是感情动物。你这个月底要冲销量拿奖金，顾客贷款甚至借钱进了货，够朋友了吧？下个月他消化库存，串货到其他区域，造成恶性斗价，你告诉我，你该怎么做？你怎样去够朋友？朋友讲究的是义气为先、互通有无，但你偏偏人在江湖，身不由己。矛盾一旦出现，你不能说服公司，就必须搞定顾客，两边你都无可奈何，就只有一个选择，自己下课！朋友讲究的是君子之交淡如水，但你趟的偏偏是浑水，你总是认为：对方买你的货，你收他的钱，但对方想的却是卖货赚钱，但不一定非买你的货不可，君子是都可以当君子的，但水一旦浑了，交情就不淡了，顾客是朋友的理论也就不攻自破了。

目前还是有一种理论更贴切，顾客就是情人！你是怎样对待情人的呢？你每天都要关心她，竭尽所能地让她开心，同时又必须随时防范她跟别人跑了。你不也是每天尽量服务着顾客，但又时时担心他倾向于竞争对手吗？但这确实是一个很微妙的理论，最微妙的就是：爱你的人你不爱，你爱的人不爱你！你想开发的顾客偏偏对竞争对手死心塌地，每天缠着你的顾客，偏偏信誉很差，别有居心。这种微妙，正是销售人员面对顾客的时候不知所措的根源！

顾客的理论之所以复杂，唯一的原因就是你戴了各种各样的眼镜去看顾客，解决的办法简单到可笑的程度——摘掉眼镜！当你摘掉眼镜直面顾客的时候，你就会发现，原来营销导向的顾客理论是如此真实和简单。突破所有关于顾客的理论，顾客就是一个普通人。顾客不是神圣万能的上帝，也不是生你养你的父母；顾客不是友谊地久天长的朋友，更不是朝三暮四的情人；顾客只是一个与你、与我一样的普通人，有经验也有困惑，有正确也有错误，有理智也有感情，有嗜好也有取舍。顾客其实很容易理解，也很容易接触，关键在于你的心态。只要你把顾客当作普通人，你的营销就会挥洒自如，这道理很简单，你如何待人你就如何接物！

营销与销售人员心态上最大的区别就在于：销售人员把所有顾客都当作特殊的人，他们身陷在各种理论中难以自拔，因为他们学会跟每个特殊的顾客建立关系，要成为能够解决每个顾客问题的全能顾问，这样的难度不亚于一个人挑战整个世界。营销人员把所有顾客都看作一类人——普通人。

如果你真正想实现从销售到营销的跨越，请记住：穿越所有顾客的理论，顾客就是一个普通人。

27.沟通为了团结

沟通现在确实是一个很热门的词汇，关于沟通的理论，就像沟通这个词汇出现的频次一样多。你随手在百度中输入"沟通"两个字，查询出的相关网页超过两千万。但我们最常见的营销沟通却是，很用心用力地沟了人家几下，但根本不通！如果真像广告诉求的一样：沟通从心开始，那这种不通的沟心确实很痛苦。这就难怪大多数销售人员都这样描述自己的感受——痛并快乐着！

一种观点认为，沟通是信息凭借一定符号的载体，在个人或群体间从发送者到接受者进行传递、并获取理解的过程，所以我们常说理解万岁！

《大英百科全书》认为，沟通就是"用任何方法，彼此交换信息。即指一个人与另一个人之间用视觉、符号、电话、电报、收音机、电视或其他工具为媒介，所从事之交换消息的方法。"因此我们到处可以看到醒目的广告牌——沟通无限！

沟通对于营销的重要性，地球人都知道。如果你是一个营销人员，你的产品知识不完善，甚至一无所知，都可能获得从业机会；但如果你沟通能力低下，根本就没有机会。为了理论的需要，人们把沟通分为人际沟通、管理沟通、营销沟通等很多概念，关于沟通的理论的迷宫也就无限大了。其实这种无限的放大，才是沟通最大的障碍。跳出理论来看这种细分其实很可笑。什么叫管理沟通？就是为管理进行的沟通呗！什么是营销沟通？就是为营销进行的沟通吧。这种理论的堆砌，真的与小孩子玩积木没什么区别！

突破沟通理论的最关键环节就在于，我们到底为什么去沟通。为了理解吗？理解之所以万岁，是因为理解是双向的。只有换位思考、将心比心，你才能更好地理解。单方面的理解只能叫同情。从营销的角度，营销人员与顾客的相互理解，确实是一个很美妙的想法，但只在理论上成立，每个顾客都是不同的，这需要营销人员超人的理解力；另一方面，顾客不可能只面对你一个营销人员，不可能每个顾客都理解你！

到底为了什么沟通呢？目前最普遍的现象就是为了沟通而沟通，像呼吸与死亡一样，你活着就无法逃避与人沟通。不明白什么是沟通，不知道为了什么去沟通，也没什么大不了，反正都是要去沟通的，这就叫沟通无限！营销更是如此，形象的为了沟通而沟通的描述就是：见人说人话，见鬼说鬼话，不人不鬼说胡话。说什么没关系，反正是要说话的。我见过很多新进的销售人员，经过公司各种沟通的培训以后，见到顾客就大胆地沟通，第一次拜访居然都可以一见如顾、谈笑风生。只是晚上回到驻点才发现，光想着去更好地沟通，定单忘记下了。

其实我一直也被这个疑问困扰着，但这居然没有影响我讲了那么多关于沟通的课程，想起来确实很郁闷。直到有一天我坐车经过新希望集团的珠海基地，看到了这样一个标语："理解，沟通，团结！"整个思路一下就豁然开朗了，这个沉积许久的疑问就在这样一个偶然的机会下，自然地解开了！

团结，只有团结才是沟通的真正目的。无论双方如何理解，沟通手段如何无限，如果不能达到团结的目的，都是失败的沟通。我经常在课堂上讲：男人为了建立权威而沟通，女人为了获得理解去沟通，营销者呢？营销者是为了合作双方的团结而沟通！你能帮助多少人，你就能管理多少人，你能团结多少人，你才能营销多少人。

如果你真正想实现从销售到营销的跨越，请记住：穿越所有沟通的理论，沟通是为了团结。理解万岁，沟通无限，但只有团结才是力量！

28.有特殊才有政策

在人们通常的观念中，政策是指政府用以规范、引导和协调有关团体和个人行动的准则或指南。你知道营销人员抱怨最多的是什么吗？首当其冲的就是营销政策。

政策，是营销领域最模糊的一个理论。每个公司都有自己的营销政策，每个营销人员都在执行着营销政策，同时几乎每个营销人员都在抱怨着自己执行的营销政策。营销政策就是企业营销战略和策略的纲领，任何企业都会高度重视。营销政策的有效性，既要求快速正确决策、彻底贯彻执行，又要求适度保密运作、差异灵活调整，其本身的运作就有些模棱两可，再加上关于营销政策还没有一套完整的理论可供参考，模糊成了营销政策理论突破的难点。要突破这个理论，关键就是思路的清晰。

营销政策，首先是一种企业行为，是企业意志的体现。它表示：企业想干什么，怎么干；不想干什么，为什么不想干。同时营销政策也是一种过程，这种过程表现在，营销政策是企业为达到某一既定目标而采取的一系列可操作性的活动，因而它是动态的，与企业当前的利益相关，更与企业将来的利益相关。每一个营销政策，表面看起来毫不相干，渠道管理有渠道的政策，产品管理有产品的政策，价格管理有价格的政策，但实际上每个政策都因为企业利益而环环相扣。准确地讲，政策绝对不是一个简单的解决问题的制度，营销政策是企业营销战略与企业营销策略结合的成果。

营销政策之所以倍受抱怨,是因为营销政策本身就是一种权威性的营销价值分配方案。对某一具体政策而言,它决定了政策范围内的利益分配,正因为触动了利益,所以惹来了非议。同时政策又是有关成员之间的一种默契,它要求所有成员在给定的环境下能把握其他成员的行为准则。政策是营销利益分配与营销管理准则相互协调的产物。营销管理与利益分配不能相互协调,不是利益分配失调,就是营销管理失控。所以,企业营销政策的有效运作,既要强调策略灵活现实,又要兼顾战略选择;既要强调管理有效可控,又要兼顾利益合理分配。整个营销政策的运作,其实只有一个核心原则:有特殊才有政策!不清楚地分析到底自己的营销特殊在哪里,所有的营销政策都形同虚设。营销差异化,差异化营销,我们说了很多年,分析过很多案例,创建了无数理论,但就是没有最终落实到政策,所以企业营销的差异化大多都只停留在口头上和文件里。营销政策的差异化运作,才是整个差异化营销和营销差异化的核心。为什么产品同质化,品牌同质化,服务同质化,几乎整个营销的领域都凸显同质化,一切的根源就在于营销政策的同质化。

所有企业的成功从营销开始,所有成功的营销由政策的差异化开始。宝洁只重用自己培养的经理人;摩托罗拉辞职的人90天内回到公司,以前的工龄照算;华为营销人员没有提成;肯德基用"特别顾客"监督分店;通用公司坚持全员决策杜绝官僚;戴尔有一支特种部队负责从一个市场到另一个市场开拓业务;IBM的每个员工都有一个自己的业务承诺计划;在微软进入一个新市场的时候主要通过公司内部员工推荐方式招聘……所有成功的案例都在证明,只有特殊的政策,才能成就差异化的营销。但我们看到的更多是盲目的同质化。都说合适的人才是企业最关键的资源,但几乎每个企业的营销人员招聘,培训和提升都是一个模式；都说激励是营销人员管理的核心，但几乎所有企业的营销人员薪酬管理都是一个套路：底薪＋提成。

有人说，管理就是做自己认为对的事，营销一定要做消费者认为对的事。表面上听起来很有道理，但我们为什么不能做自己和消费者都认为对的事呢？这就是管理随意化和营销同质化的病根。政策的根本作用就是把营销和管理结合起来，做出自己和消费者都认可的准则。特殊和差异是产生所有有效政策的基础，每个客户和每一笔交易都是绝不雷同的，不能找到特殊在哪里，你就别制定政策；不能体现差异的政策，你制定了也无法执行。

如果你真正想实现从销售到营销的跨越，请记住：穿越所有政策的理论，事实就是，有特殊才有政策。

5

突破技巧

我们时常称赞聪明的头脑，但这个世界上大多数的聪明人都是穷光蛋；我们常批判别人不开窍，但这个世界上，只有存在敢于实践的傻瓜的地方，才存在奇迹！这个世界上优秀的销售者都是聪明人，这些人宣称，一把土是否可以卖到黄金的价格，就在于你是否拥有世界上最伟大的推销员。

你应该也见过那些街头用抽签的方式做有奖销售的团伙欺诈，其实我十几年前就见过，最近又在深圳的大街上看到了。还是围了那么多人，唯一的变化是，十年前只有3或4个人是托儿，现在有十几个；不变的是仍然有人上当。这就说明那些聪明的销售者的老把戏还在继续发扬光大。

整个企业和营销界，对销售技巧的崇拜，已经到了痴迷的程度。不但关于销售技巧的书籍和培训处处皆是，而且几乎每个企业的销售人员必备素质里面都有一条：熟练掌握各种销售技巧。

营销技巧至上哲学悄然诞生。在这个哲学里面，营销似乎成了一项专门解决市场问题的艺术。没有哪个市场没有问题，营销人员存在的价值，就在于解决不断出现的市场问题。解决问题靠什么呢？当然靠技巧！于是销售技巧的高低成了销售人员能力判定的唯一标准。这种技巧至上哲学最厉害的地方就在于，很多时候你都可以看到技巧像珍珠一样，在营销和销售活动当中闪闪发光，所以现在技巧至上仍然被销售导向的企业奉为圣经。他们得出的结论就是，没有不好的市场，只有不好的销售人员。营销人员不好的原因就是，营销人员没有恰好可以解决市场问题的技巧。

从本质上讲，技巧至上哲学实际上是销售浮躁的产物。面对每天层出不穷的市场问题，没有比直接找到一个技巧马上解决问题更痛快的了，所以大多数销售人员一遇到问题，第一个想法就是赶快去寻找一个绝妙的技巧。那些新进的销售人员，在培训需求中总是一再强调，尽快教更多的销售技巧。实际上大多数销售人员都是很忙碌的。忙什么？忙着寻找更多更好的销售技巧；他们也是很好学的，勤奋地学习更多更好的技巧。这是最浮躁的销售，同时也是最懒惰的营销。

崇尚技巧、浮躁销售的最终表现就是急功近利，总是幻想有一个绝招可以让销量一下子提升起来，总是以为会有一个妙法可以将客户一招搞定。这些所谓绝招妙法最后带来的，只能是昙花一现的短期行为。技巧至上的忙碌其实就是真正的懒惰。刘翔把所有他总结出来的技巧都告诉你，你真的就能获得110米栏世界冠军吗？恐怕连选拔赛都没有资格参加。为技巧而忙碌的真相就是，技巧是现成的，找到就可以解决问题。既不用思考，又不用从基础做起，还有比这更懒惰的营销吗？

尽管每个成功的案例都镶嵌着技巧的珍珠，但这些珍珠一旦拿出来用来解决你遇到的问题，就变成泥丸了。环境变了，就像鱼缸中美丽的金鱼，一扔到泥土里，美丽的外衣马上粘满泥土，悠闲的游弋变成垂死的挣扎。别人的技巧拿来就能有效使用，立竿见影，只不过是你自己对自己的欺骗。我们很多销售导向的企业都坚定地认为：我们的销售已经掌握和成功运用了很多技巧，这就像一颗颗散落的珍珠，是企业营销最大的财富，我们要做的就是把这些珍珠串成项链，形成我们的销售模式，让所有销售人员都掌握，我们就会获得营销的成功。但事实是，每个技巧都如同珍珠，都很美丽，但你就是没有办法把它们穿成项链。每个技巧最突出的特点就是巧妙，要把如此多的巧妙汇聚成一个可复制的套路，只不过是你自己对自己的安慰。

如果你真正想实现从销售到营销的跨越，请记住：在对待技巧的态度上，浮躁懒惰的销售与静稳智慧的营销，形成鲜明的对比。销售者总是试图把销售的技巧练到极至，但对于真正的营销者来讲，营销没有技巧。是走火入魔地销售，还是实实在在地营销，关键就在于，能否突破技巧这个美丽的神话。

29.技巧就是简单问题复杂化

技巧的简单解释就是：巧妙的技能和手段。技巧大致上可以分为三种：

做的技巧：对于做事情，总结出来的技巧虽然很多，但归结起来也无非就是专一和坚持的强调。愚公移山是这方面的典范。愚公快90岁了。他家的门口有两座大山，一座叫太行山，一座叫王屋山，人们进进出出非常不方便，最后一致决定，把山上的石头和泥土，运送到海里去。愚公的哲学是："我虽然快要死了，但是我还有儿子，我的儿子死了，还有孙子，子子孙孙，一直传下去，无穷无尽。山上的石头却是搬走一点儿就少一点儿，再也不会长出一粒泥、一块石头的。我们这样天天搬，月月搬，年年搬，为什么搬不走山呢？"

初级的销售人员学习的是做的技巧，不要问为什么，按前辈的套路死做。隔行如隔山，初级销售人员听到最多的两个字就是坚持。愚公的坚持，表面看起来很值得宣扬，但为什么一定要把家建在山背后呢？不就是为了出门方便吗？把家搬到山这边不就行了，搬家怎么也比搬山容易吧！

看的技巧：这种技巧的目的是为了做给别人看的。卖油翁的故事大家都知道。他为了证明别人射箭的水平没有什么了不起，拿出来一个葫芦放在地上，又摸出一枚有孔的铜钱放在葫芦嘴上，然后慢慢地用勺子舀出油来往葫芦里倒，只见油像一条细线一样从钱孔中流入葫芦里，而那枚铜钱却没有沾上一点儿油痕。倒完，他直起身子说："我这点技术，也没有什么了不起的，不过就是熟练罢了。"

中级销售人员津津乐道的是看的技巧，一技在身，足以立身，隔行不隔理嘛。卖油翁的倒油技巧，不过是一个噱头，卖油真的要有百步穿杨的本事才能卖得好吗？卖油翁卖油的时候，肯定是有很多人围观的，但这跟他每斤油卖什么价格，一天可以卖出多少斤油，没有必然联系。

想的技巧：这种技巧是最巧妙的，做出来可能大家都觉得很普通，甚至有点小儿科，但关键在于能否想到。人们对这种技巧的理解是：没有做不到，只怕想不到。哥伦布发现了新大陆，国王宴请哥伦布，众大臣作陪。国王和王后一直夸赞哥伦布，大臣们都不以为然，其中一个大臣说："不就是发现了一块新的陆地吗？这有什么了不起的，每个人只要驾船出海，一直向前走，看到陆地就上去插一面国旗就行了！"很多大臣都附和。哥伦布拿出一面镜子，拿来一个鸡蛋，对大臣们讲:"请问哪一位可以把这个鸡蛋竖立在镜子上面?"很多大臣、甚至国王都试过了,但镜子太光滑,根本立不住。这时哥伦布把鸡蛋的一头往镜子上一撞,鸡蛋破了,却立在了镜子上面,哥伦布说:"世界上很多的事情就是这么简单,每个人都能做到,关键是你能否想到。"

高级销售人员研究的是想的技巧,一招鲜,吃遍天,这招不鲜了赶紧琢磨下一招。一招鲜真地可以吃遍天吗?如果你认为可以,那并不是因为你的招有多鲜,而是因为你的天太小。哥伦布运用的不过是一种社交技巧,难道真的想到了,就能找到新大陆吗?

现在的销售技巧实在是太多了。百度中就可搜索到150万个以上关于销售技巧的网页,你真的可以熟练掌握各种销售技巧吗?销售技巧看起来都是很有道理,甚至激动人心;销售的书籍更是技巧的集成!正是技巧的华丽和复杂,把企业深陷在销售的泥潭里,无限期地推迟了从销售到营销的进度!

销售真的需要如此多的技巧吗?也许是的,因为对于那些销售导向的企业,没有技巧的营销根本不可想象。实际上技巧就是某个简单问题的复杂化。所有的销售技巧,都是把营销系统中的某一个点无限地放大,销售对技巧无休止地推崇,最后的目的就是为了掩盖,营销不是某一个人和某一个点的成功的事实真相。

如果你真正想实现从销售到营销的跨越,请记住:突破技巧首先就必须明确,技巧就是简单问题复杂化。

30.过犹不及

崇尚技巧的结果是,把喜欢和擅长做的事,做过了头,把不喜欢和不擅长的事,拖着不做。事实就是,销售技巧越突出的销售人员,越难接受真正的营销，这就叫过犹不及。

电话销售专家总是说，连给客户打电话都没有技巧，你怎么做销售？谈判专家说，谈判技巧都没掌握，你的销售肯定被动！沟通专家说，没有掌握沟通技巧的销售，肯定是最糟糕的销售！成交专家说，电话打来打去，谈判一轮又一轮，沟通一次又一次，还是没有成交，甚至忘记了下订单，你做的根本就不是销售！

面对如此巨大的销售技巧专家团，你肯定晕了，但聪明的销售人员自然有他们的办法。没必要样样通样样松，掌握一个技巧就把它发挥到极致。他们的哲学是，最简单的技巧发挥到极致，就是必胜的绝招！

我曾经面试过很多区域经理以上的营销人员，我提出的第一个问题就是："你认为经销商管理的最重要的一点是什么？"

大多数人都会首先愣一下，他们很意外我既没有问经历又没有考理论。至少有1/5以上的人，都会先岔开话题，想询问一些东西后再回答，我会立即打断他："跟我沟通不需要技巧，你只需要回答我的问题！"接下来我能听到的只是没有逻辑的拼凑，或失去技巧依赖的慌张！

我得到最多的答案就是："一定要先与客户搞好关系。客户首先接受了你的人，才会接受你的产品！"很有道理不是吗？与客户建立良好的客情关系，难道不是销售很重要的技巧之一吗？我通常的做法就是，无论下面问了多少问题，无论对方给出什么答案，我都会在面试意见上写下这样的评价："不适合！"那些获得试用机会的人，他们在这个问题上的回答就是："利益，只有让经销者认识到利益，才是最重要的！"

这道理其实很简单。如果经销者看不到利益，你跟他成为朋友也是枉然！利益是从市场营销中获得的，不是从朋友关系中获得的，这就是最简单的营销哲学。过分地运用客情关系技巧，就会迷失共赢的根本，这就是过分依赖技巧、简单问题复杂化的典型现实写照！如果你真正相信,那些与客户成为铁杆的人就可以把营销做好,那结果是,等到你的公司彻底垮了,你都不知道是为什么。

营销就像一个完整的人体,每个器官都很重要,技巧所能做到的,就是把某个器官做大、做强、做久。这看起来很美妙,但却是慢性自杀!肝做大了就是脂肪肝!心脏搏动太强了就会心率过速!指甲留得太久可能会划伤自己!单单把某个销售的环节做大、做强、做久,甚至比某个销售环节做不到位更有害无益。对于企业也是一样。你单单把销售环节的技巧发挥到极致,而企业的生产、物流、财务、人力资源跟不上,甚至后勤服务跟不上,有辉煌也是昙花一现。

如果你真正想实现从销售到营销的跨越,请记住:崇尚技巧唯一的结果就是过犹不及!

31.营销没有技巧

营销是不需要技巧的,所有成功的营销都是最基本的常识的运用。这是各个领域的营销成功者给出的唯一答案。

在我们的现实生活中,有两种人是不用成语和华丽的辞藻去说服别人的,也只有他们不用技巧去混淆现实,那就是老人和小孩。小孩不会用,他们还不知道成语的含义;老人不需要,因为他们有经验和感受,他们觉得用成语说话太累了。

营销就像社会结构一样,是有层次的,最典型的说法是:三流营销卖产品,二流营销卖服务,一流营销卖思想!这就是营销的现象描述,与任何一个社会的现象描述一样,很正确,正确到了完全没有用的程度。

曾经很长一段时间,我也陷入这个正确到极致的现象里,难以自拔！有一次，一个女学员带了她7岁的儿子来到了培训现场。那是一个聪明好学的孩子，当我讲完了营销的3个层次中间休息的时候，小孩子跑到我面前，很认真地问："赵老师，您现在是第几流？"我冲口而出："赵老师是卖思想的，当然是第一流的！"小孩子高高兴兴地跑开了，我却连续几晚没有睡好。培训自然是给人思想的，但几年来一直困扰我的就是，如何把这些思想整合成一个产品？我相信这是困扰所有信息、IT、培训相关产业的一个难题：如何把虚拟的类似信息、思想、程序的东西，整合成一个产品。从成功学来讲，陈安之算是在卖他的产品了，但成功学的鼻祖卡耐基一直卖的就是思想，这是倒退还是进步呢？

最后我得出的结论就是：营销是有层次的。从技巧的角度，层次一定是有高低的，但事实是，层次就是层次，没有谁比谁高。面对需要产品的人，你就只能卖产品；面对需要服务的人，你就必须卖服务；面对需要思想的人，你的思想才卖得出去。营销就是坚定地做消费者认为对的事，营销根本没技巧。

这其实很简单，就像我们常说：你周围的朋友是什么样的人，就决定了你自己是什么样的人。对于营销就是，消费者的购买习惯决定了你的营销方式。没有什么技巧可以让你高人一等，关键是，你是否能够做出让你面前的消费者认为正确的事！

营销虽然没有层次高低，但营销者其实是有境界的，最典型的描述就是："看山是山，看水是水；看山不是山，看水不是水；看山还是山，看水还是水！"

有这样一个关于石匠的故事：有一个人经过一个工地，有3个石匠正在工作，他问石匠："你在干什么？"第一个石匠说："我正在做养家糊口的事！"第二个石匠说："我正在做一个最棒的石匠！"第三个石匠说："我正在盖一座教堂！"

从营销的角度，第一个石匠是"看山是山、看水是水"的境界，叫做花拳绣腿阶段。无论是营销员，营销经理，还是营销总监和总裁，处在这个阶段的还是大多数。无论身在什么层次，处在这个境界，他们为了获取掌声，追求所有皮毛的技巧，他们只能做一件事——养家糊口！第二个石匠是"看山不是山、看水不是水"的境界，叫做内外兼修阶段。他们都是业绩优秀的销售者，他们有一技之长，他们崇尚最适合自己修炼的技巧，他们要修炼一种可以打败所有绝招的绝招，他想成为世界上最伟大的推销员，无论推销什么，无论面对谁。第三个石匠是"看山还是山、看水还是水"的境界，叫做无招胜有招阶段。他们本身是没有绝招的，但面对不同的招式都能破解。他们是真正的营销者，技巧对于他们，已经成为累赘。

如果你真正想实现从销售到营销的跨越，请记住：营销根本就没有任何技巧，所有成功的营销都是最基本的常识的运用。

32.措施更实在

我的朋友圈里，有一位很德高望重的朋友，是我烦闷时吐苦水的第一选择。他一手创建了一家业绩相当不错的公司，从来不会向我这个所谓的"营销专家"咨询有关营销的问题，当其他朋友向我询问一些营销方面的问题的时候，他总是沉默。直到有一次，他给我打电话，一定邀请我去他的公司，给他的销售人员做一次货款回收的培训，他认为他的销售人员对货款回收和呆坏帐处理，简直没有一点技巧，让我给他们开开窍。

我硬着头皮答应了。但他根本不相信我能够帮他解决这个问题，这是典型的"看医生而不看病"的心态。就像一个80岁的老太太,每个星期都会去一次医院,其实她自己的病她比医生都清楚,所以她不是去看病,她只是想听医生对她说:"老太太,你的气色好多了,可以活100岁!"他拥有很优秀的销售队伍,所以他的销售队伍和他自己都很沉迷于销售,根本不想去营销。

足足想了一个通宵,我只得出一个结论——对这样一个团队,任何技巧都用不上。第二天我站到讲台上的时候,直截了当地说:"你们遇到的货款回收问题,是世界性的营销难题,没有人可以通过一次培训把他解决掉,我也不例外。处理这个问题,确实有很多听起来特别有道理的技巧,我站在这里3天3夜也讲不完,但这些技巧对于你们来讲,根本毫无用处。现在唯一能解决这个问题的人只有你们自己,你们应该采取的方式就是头脑风暴,世界顶级企业80%以上的疑难问题,都是通过头脑风暴自己解决的!"

于是他们所有人,包括我的朋友,被分成了5个小组,针对我提出的问题讨论各自的答案,然后再汇总到白板上讨论。这种沟通方式,确实很适合这些骄傲的销售者,他们的讨论很投入,也很有成果。

他们首先总结出来的是一套很严密的流程:清查所有呆滞应收款——对所有应收款分类——按类别确定先后次序——能收的先收——收不回的整理收集书面证据——先电话催收——再发律师函——最后打官司。我的结论是:这个流程很好,但这样做最多只能收回10%的应收款,因为这个流程只分析了被人家欠的钱,没有分析欠钱的人。

他们又讨论出来一套应对欠款者的实战技巧:首先要理直气壮,直切主题,摆明事实,不给对方回旋的余地;接下来就陈述利害,给对方洗脑,描绘未来远景,暗示对方不可因小失大。对方诉苦,不为所动,以牙还牙,他说给你鞠个躬,你就说给他磕三个响头。对方拖延，就重新制定还款计划，能收回一点是一点。对方贪婪，就给对方许诺进货大优惠，能骗回多少是多少。还不行就把产品拿回来。产品也空了，就只能见什么拿什么了。我的结论是：这些技巧很实用，但这样做了最多只能收回30％的应收款，因为这些都是技巧，没有落实到措施，没有责任人和时间，计划还是空的。

他们开始很实在地落实措施，明确每项帐务的回收责任人，落实谁在哪天几点钟，到哪个地方，等什么人，等不到怎么办，通过什么渠道找到他。并要求分析每个客户的特点，逐个制定措施！看着手中的具体措施，他们都很兴奋，当我建议他们自己给自己一些掌声的时候，掌声居然响了整整3分钟。

我最后的总结是：由衷地恭喜大家，通过自己的努力找到了处理货款回收问题的具体措施。这些措施比技巧实在很多，但最后的结果最多只能收回50％的钱，因为每个企业的人力资源和每个人的有效工作时间都是有限的，就算目前统计的欠款全部回收了，但收旧款的同时肯定耽误了新的销售，而且收款是有费用和成本的，结果就是表面收回全部，实际损失一半。事实证明，你们还没有找到真正的解决措施！

立刻坚定不移地开始实施现款现货。这才是能够突破技巧的实实在在的措施。

33. 问题的解释方式

营销的核心在于为顾客提供一个买你的产品而非竞争对手产品的理由！

——杰克·特劳特

也许你早就把这句话记在了笔记本的首页，你也为你的产品设计了很多优于竞品的卖点，你甚至力求更好，但你仍然没有开始营销。因为这句话还有另外一种令你震惊的解释方式：无论你的产品比竞争对手好多少，无论你的产品与别人有多么不同，产品肯定是有问题的，你必须为产品的每个问题准备好解释方式。

这确实让那些每天大谈产品卖点的销售人员很难接受。但事实就是，世界上根本就不存在没有问题的产品。你见过没有问题的产品吗？肯定没有！要不然保修卡和顾客投诉热线等早就消失了。质量合格与没有问题有天壤之别。营销永远有问题的最大根源就是产品始终有问题，这是营销一出生就必须面对的。

销售者在面对问题的时候是心虚的，只有足以搞定每个人的技巧，才会让他们心安；营销者面对问题的时候是坦然的，他们为顾客和产品的每一个问题都设定了解释方式。销售人员总是在寻求问题的解决办法，最后的结果就是，用尽了所有技巧，问题还是解决不了；营销人员关注的是问题的解释方式，把问题解释成不是问题，没有了问题，结果就是解决了问题。简单地讲，销售人员总是把所有的问题都自己扛，营销人员总是把问题解释成不是问题。

突破技巧、设计问题的解释方式，是营销的最基本工作。这项基本工作大体上可以分为三个步骤：

第一步，"把坏事变好事"。

销售人员总是抱怨顾客和产品的问题，每天像救火队员一样四处灭火，灭了这里那里又起火，市场上不是狼烟四起就是满目疮痍。一旦问题出现，他们认为那是绝对的坏事。营销人员的最基本作用，不是灭火，而是把这些问题造成的所谓"坏事"变成"好事"！产品有问题就及时修换，建立信誉；顾客有问题，就及时沟通协调，增进信赖。有问题出现就是有新机会，把坏事变好事是营销人员的基本功。做到了也许只能拥用一个良性的市场，否则一件坏事就足以毁掉一个企业。

第二步，"问题不是我的"。

摩托罗拉是最早实施6个西格玛的手机制造商，意思就是说每100万台摩托罗拉手机中，只有3.4台质量有问题，那为什么每次去摩托罗拉的维修点，都有那么多人排队修手机呢？是摩托罗拉名不副实吗？最后得出的结论就是，不是手机的问题，是使用不当造成的。国产手机是绝对不会受到市场这种谅解的，从营销的角度讲这就是品牌的心理效应。品牌有两个方面的含义：一方面是"这是我的你别动"——这叫品牌保护；另一方面是"这是你的请拿走"——这叫品牌推广。要拥有品牌你就必须两个方面都做好，只有拥有品牌，才能做到"问题不是我的"。这是营销有别于销售的另外一个基本功。

第三步，"问题不是问题"。

现在很多人都在批评微软的营销，说微软的营销过于强势，不够人性化，甚至有人批评微软只知道销售根本不懂营销。我的看法刚好相反，微软才是真正的营销大师，因为他真正做到了"问题不是问题"的境界。你使用过微软的Windows系统吧，那你肯定经常遇到这样的提示："因您的操作有误，系统将关闭！"然后还给你几种选择，你选择"调试"的结果，多半是调试不了，你查看原因，出来一堆看不懂的英文，于是只好选择关闭。我们只想着是自己操作错了，从来没想过是系统的缺陷。你的电脑也感染过病毒吧？电脑不感染病毒就像人不会生病一样不可理解。与其说杀毒软件是用来杀毒的，不如说是用来升级的,你感染病毒就从来没埋怨过防火墙。新装一个软件,就会被这样提示:"为了保证安装的软件正常运行,请重新启动计算机";发生错误系统还会提示你点击发送错误报告。难道安装一定必须重新启动? 错误报告不应该自动发送? 本来是操作系统本身存在的缺陷和问题,在营销中就这样顺理成章地不再是问题!

34.营销的6个C

销售是被动地应对别人,营销是自己主动的出击。最常见的现象就是,用应对别人的技巧,代替了自己应该采取的行动。销售人员与营销人员最大的区别就在于,销售人员是被动的,总是想着如何去应对别人,包括公司和顾客;营销人员是主动的,只要公司政策和顾客需求发生变化,总是关注自己应该怎样做。

突破销售的技巧,主动地营销出击,关键就是随时掌握住6个要素。这6个要素无时无处不在,又每时每处都不同,不但缺一不可,而且一个要素变了,其他要素都有改变。掌握住了这6个要素,技巧就真正成了累赘。因为这6个要素都是以"此"字开头的,"此"字的汉语拼音开头又是"C",我们就称作营销的6个C:

此时:此一时彼一时。昨是今非旧时光,天涯虽可共此时。过去的过去了,将来的是将来,你只有一个现在。

此地:此地非彼地。此地空余黄鹤楼,但这个黄鹤楼已经不是那个黄鹤楼,不能重复此地无银三百两的游戏。

此情:此情非彼情。此情绵绵无绝期,此情无计可消除,此情可待成追忆,此情永远不是一种感觉而是行动。

此景:此景非彼景。此景只应天上有,此景应醉天下客。景物是心态的镜子，观察别人的反应才能调整自己。

此人：此人非彼人。查无此人，又见此人，此人何方神圣？此人绝对是个普通人，普通得与任何人绝不雷同。

此事：此事非彼事。此事无关风与月，此事古难全。专注地做此事，其实就是尊重自己，这样才能获得尊重。

这样说起来可能有点玄，但这种自珍自惜的习惯，就是突破技巧的关键。销售难免功利，但营销总是好像在做一些与销售无关的事情。台湾富豪王永庆，是靠卖米淘到的第一桶金，他的案例可供大家深思。别人只是卖大米挣差价，而他却做了几件在别人看来离奇而又与挣钱无关的事。

此时：那时候，稻谷加工非常粗糙，市面出售的大米里有不少糠谷、沙粒、甚至老鼠屎，那时这叫正常，他却将夹杂在大米里的所有杂务统统清理干净。这样一来他店里的米质比其他米店要高一个档次。

此地：当地大多数家庭都靠做工谋生，收入微薄，卖米的利润极其微薄，一斗米只能赚一台分，但他坚持免费送货，提供送货上门，无论天晴下雨路程远近，只要顾客叫一声，他立马送到。现在这叫服务。

此情：别人送米，放在门口就是好大的面子了，他给顾客送米，一定都要帮人家将米倒进米缸里，减少主人的麻烦，人家除了面子，还领了他一份情。

此景：来到每个顾客的家中，他都默默地记下顾客家中的人数，几个成人，几个小孩，以此来估算每天消耗米量，详细记录小本上，计算每个顾客的送米周期。

此人：每次送米，王永庆并不急于收钱，他把全体顾客按发薪日期分门别类，登记在册，等顾客领了薪水，再去一拨儿一拨儿地收米款。

此事：别人干的是送米，他做的是"送倒"！送了还要倒进米缸，倒米时他总是先把米缸内的旧米倒出来，把米缸擦干净后，再倒进新米，最后把旧米放在上层，这样，米就不至于因陈放过久而变质。

35.实话实说

如果你仍然坚定地认为，营销也像销售一样是需要技巧的，那么这个所谓的不是技巧的技巧就是——实话实说。做不到的事千万不要承诺，是营销最简单的定律，但对于销售来说，就是最难跨越的天险。几乎所有销售人员都认为，靠实话实说去做好销售，是一个天大的笑话。

我曾经面临过一次很尴尬的经历。那是在一个相对比较偏远的城市，给那个城市的所谓精英层，做一次关于营销的培训。第一天上课，原定9点钟开始，9点10分了，居然有17个所谓的关键人物还没到。虽然接到的是再等一下的商量，我还是愤怒地在9点10分开始了课程，我做的第一件事就是——真诚地道歉：

真地很对不起大家，因为少数的几个人，耽误了大家宝贵的时间。虽然这在中国是个司空见惯的现象，就像所有车辆都必须躲闪闯红灯的行人一样正常，但我是来这里讲营销的，不是讲中国式管理的。中国式的管理就是做自己认为对的事，所以我相信迟到的都是深得管理之道的管理者；但营销就是要做消费者认为对的事。我相信所有迟到的人都会有很特殊的理由，但他们也不会认为迟到是对的。我来这里讲营销，其实更是为了营销自己。推迟培训开始时间，就是做了一件所有消费者都认为不对的一件事。我今天的营销从一开始就背离了营销，所以郑重地向大家表示深深的歉疚。营销像所有事情一样，都会犯错误的，唯一的区别是，为了给管理的权威和短期的销售业绩让步，营销所犯的错误看起来都很美丽，但再美丽的错误也是错误，我们必须纠正。现在我宣布：从此刻开始，所有的迟到者都必须到台上来，请助教为每个迟到的人搬一把椅子，让他们坐到前台。

不到20分钟的时间，我的身后已经坐了17个忐忑不安的迟到者。当我转身面对他们的时候，有几个人甚至已经坐不住了。我大声地说："按照我们的惯例，迟到的都是大人物，现在我们把这些大人物都请到台上来！大人物通常都是不喜欢首先发表意见的，那么现在我请大家猜一猜，如果我们请问他们为什么迟到，他们会怎么回答？"大家开始你一言我一语地说答案，说一条我就在白板上写一条，足足有42条！除了塞车、闹钟失灵等，大家甚至连孩子发烧和助人为乐都想到了。我转身问坐在台上的人："如果大家说的所有迟到原因中，没有你迟到的原因，请继续坐着；如果你迟到的原因已经写在了白板上，请站起来！"结果17个人都站起来了。

我问所有台下的人："你们相信这些写在白板上的理由，是这些站起来的人真正迟到的原因吗？"所有人都异口同声地回答："不相信！"我转身看着台上的人，有些人低着头，有些人举手向我表示他有话要说，更有些人已经显得不耐烦了。我说："我很理解你们的感受，被人不相信的感觉肯定不好受。我知道你们有很多理由、原因、甚至事实证明自己的无辜。我知道你们很想说你很内疚，想对大家说声对不起，表明你是一个好人。我更知道你们都在怪我小题大做，耽误了大家更多的时间。这都是我们习惯的套路，但今天我肯定不会按套路出牌。我不会给你们任何表白的机会。你们真正迟到的原因，就是觉得：迟到了也无所谓！你们有迟到的胆量，却没有说实话的勇气。

现在请大家回去坐好，我向大家重新宣布一下本次培训的规则，如果你觉得你做不到，就举手示意做不到，如果不举手，就视为你对大家的承诺。其实规则很简单：第一，不能迟到早退；第二，手机调到震动状态；第三，非休息时间不离开现场。"全场只有3个人举手表示做不到其中某一条，我让助教记下了他们的名字。培训进行当中，不出所料，还是有7个人违反了承诺。我问了他们同样的问题："你承诺了没有？你做不到为什么承诺？我们凭什么还能相信你继续的承诺？"尽管每个违反承诺的人反应不同，但我明显感觉到所有人的改变：当听到的是借口和理由的时候，大家都默契地保持让违反承诺者心虚的沉默；当听到发自内心的大实话的时候，大家主动给予掌声。

最后我对大家说：大家都深刻认识到了：做不到的事情一定不承诺，但这只是营销的入门。销售讲究技巧，是脑对脑的较量！营销贵在坦然地实话实说，是心与心的沟通。不能用心，不会用心，就不能营销。

6

三维动作

　　从销售到营销的跨越，我们真的讲了很多了，足足有5大部分35个小节。如果你说你懂了，我相信你说的是真的；你说你知道怎么做了，我勉强可以相信；但你不用说能够做好，你只要说能够做到，我都觉得是骗人的。"懂了"是一个维度，"会做"是第二个维度，"做到"是第三个维度，少了任何一个维度都是空的。

　　营销到底什么最重要？千百个答案放在面前，只有一个是大家公认的——行动！行动是关键，没有行动也许会有管理，那叫"无为而治"，但没有行动绝对不会有营销的成就。营销的行动只有两个关键点：

　　第一就是行动必须落实到具体的每个动作，只要一个动作做不好，整个行动就是失败的。销售其实是一个简单的动作——卖货和收钱。

　　第二就是每个动作都必须至少是三维的，少了一个维度，都不是营销的动作。营销就是一连串三维的动作。

　　微软有这样一个思考题：

有 10 个小朋友在外面玩，那个地方有两条铁轨，一条还在使用，一条已经停用，只有一个小朋友选择在停用的铁轨上玩，其它 9 个小朋友全都在仍在使用的铁轨上玩。很不巧的，火车来了，不做任何动作，火车肯定会沿着正在使用的铁轨行驶。而你正站在铁轨的切换器旁，因此你能让火车转往停用的铁轨。这样的话你就可以救了大多数的小朋友，但是那名在停用铁轨上的小朋友将被牺牲。你会怎么办？

大多数人肯定会选择搬动切换器，目的是多救一些人，换句话说，牺牲那名在停用铁轨上玩的小孩。人们把这称为"舍得"，有"舍"才能"得"。无论对与错，少数人利益服从多数人利益，这就是真理！

少数人义无返顾地选择不搬动切换器，那名选择停用铁轨的小孩显然是做对了，脱离了他的朋友而选择了安全的地方，而他的朋友们则是无知或任性地选择在不该玩耍的地方玩。为什么做出正确抉择的人要为了大多数人的无知而牺牲呢？这就是人们为什么常说："真理总是掌握在少数人的手里！"

现在你就是把握生死的人，你就是掌握大局的人，你该如何决定？切换轨道，那个在废弃的铁轨上玩耍的小孩，肯定会遇难，因为他从来就没有想到过，一个废弃的铁轨上会突然开来列车；不切换轨道，那些在营运的铁轨上玩耍的小孩，也许根本就一直留意着潜在的危险，一听见列车的声音，就会及时地躲开。万一他们没有危机意识，选择切换铁轨，是可以牺牲一个小孩保护大多数小孩，但整个列车驶入废弃的铁轨，整个列车乘客的生死，又有谁能保证？营销其实每天都要面对这样的抉择！

"生死之外还有生死"，"大局上面仍然有另一个大局"，"环境外面还有另外一个环境"，也许这才是真正的无奈。我们总是被逼迫去做出判断，要么向左，要么向右。只有对与错、好与坏、两个选择，这叫判断对错，不是真正的选择。选择必须有三个以上的答案。为什么停用的铁轨还要放在那里？为什么小朋友之间不能相互影响达成共识？为什么搬轨道的人只能选择伤害某些人，不能去通过信号阻止火车？为什么要用别人的生死证明你自己是对的？即使你真正对了又怎么样？我们为了证明自己是对的，已经付出了太多。放平心态。没有绝对的对与错，没有绝对的好与坏，只有差异！营销的关键不在于你的头脑能否判断对错，而在于你的行动是不是三维动作。

面对生死的时候，每个人都感觉到了危机，每个人都知道自己的动作会决定很多人的命运，尤其是自己。事实是，营销每天都面临生与死的抉择，你的任何简单动作，少了一个维度，都会把你的营销逼入绝境！

36. 时间＋空间＋精力

任何一个营销动作都是对市场做的，每个有效的市场动作，都必须包含时间、空间和精力三个维度。

谁是这个世界上最勤奋的人，这并不重要，重要的是我们都知道，最勤奋的人也不可能每天享有25个小时。

活到100岁满足吗？不满足！活到80岁，可以接受吗？基本可以接受。一年赚3万元满足吗？不满足！一生赚3万元，可以接受吗？决不接受！活80岁可以活多少天？2万9千2百天。3万元钱对于任何人都绝对不是一个大数目。一个人活到80岁却活不过3万天，20岁以前你赚过多少钱？就算有也基本是一个可以忽略的数目。60岁以后你还想继续工作吗？就算想能够实现的机率也可以不计。还有多少天？忽略前面20年，不记后面20年，还有1万4千6百天。每天晚上要睡觉吧？每天最少也要吃三餐？人没有不生病的吧？再贫穷也要有时间去消费吧? 去除这种种一切消耗的时间, 大约还有4000天。这少得可怜的4000天意味着什么呢? 它意味人一生所有想得到的金钱、财富、荣誉、地位都必须通过这4000天获得。

如果你没有世袭的爵位和可继承的遗产, 如果你家里也没有印钞机, 这4000天中创造财富的方法有多少? 不多不少刚好四种。第一种是偷抢, 第二种是欺诈, 第三种是乞讨, 第四种是交换。看来最好去交换了。

交换最关键的因素就是去哪里, 和谁交换, 这就是空间。我们都必须承认, 走遍世界其实是一个最美丽的谎言, 没有人可以真正拥有无限的空间。事实是, 每个人能发挥的空间非常小。很多人说, 现在的博士不值钱了! 我总是这样的回答他们: 你说得很对, 博士确实不值钱了, 但你连博士都不是, 你就更不值钱! 原因很简单, 博士有博士的空间, 你有你的空间, 每个人的空间都不同, 没有哪个空间好, 也没有哪个空间不好, 只要空间与空间的差异, 合适就是最好。每个人都必须找到属于自己的空间, 那就是你的天地!

在自己的空间里发挥什么呢? 发挥能力是大多数人的选择, 他们也是这样做的! 但事实是, 每个人的能力都是无限的, 因为人的潜能无限, 但人的精力是有限的, 有限的精力限制你发挥所有的潜能。在有限的时间和空间内发挥无限的能力, 其实也是一个谎言, 你真正要做的, 只是精力的分配。精力的分配, 就是必须术业有专攻, 必须相信专业。这其实就像我们生病了要找医生, 打官司要找律师一样简单。

任何一个真正的市场动作, 也必须同时包含时间、空间和精力三个维度!

时间对于营销就是机遇。没有任何一个产品和服务的营销可以没有淡旺季, 怎样做到淡季不淡, 旺季更旺是营销永恒的课题。这简单地就好比: 你是卖月饼的就不能错过中秋节, 你是卖汤圆的就必须重视元宵节，每个营销的动作都必须牢牢把握时间的机遇，错过了，就绝对不会重来！

空间对于营销就是突破。机遇是来了，但同一时间内每个空间的机遇是不同的，你的动作必须选择一个空间作为突破，而不是千篇一律。麦当劳刚进入中国的时候，他们是儿童的乐园。现在这个时候，他们选择了另外一个空间——有个性的青春一族，所以现在麦当劳高喊：我就喜欢！

精力对于营销就是资源配置。时间的机遇把握住了，空间的突破口也找到了，接下来就是精力的分配。请记住不是能力发挥，而是精力的分配。每个组织的资源都是有限的，所有的营销策略其实只是在做一件事情：把有限的资源配置到最需要的地方！

37.经营＋管理＋销售

每个真正意义上的企业营销动作，都必然是三维的，所以营销者做的从来都是选择题。这种选择给营销创造了各种可能性，帮助营销者不停地创造奇迹。销售的动作最多只有两个纬度，销售者总是做判断题，抹杀可能性，把自己推向生与死的极端，所以这个世界上有最伟大的推销员，那是对生存能力的比拼；但这个世界没有最伟大的营销者，因为营销总会不断出现新的奇迹，出现更伟大的营销者，这是可能性促成的发展能力竞赛，这就是营销真正的魅力。

对于一个组织，销售是解决生存问题的，销售力就是生存能力，不断地销售就是接着活下去；营销是用来解决发展问题的，营销力就是发展力。卓越的营销，就是持续地成长。销售导向的企业，就像一个先天残疾的儿童，可以活下去，但总也长不大，活着的唯一目的就是不停地治疗反复发作的顽疾：这个月开会，讨论的还是上个月的问题，过3年再去看，问题仍然存在；营销导向的企业，用发展来解决所有发展中遇到的问题，今年的问题，到了明年已经不是问题。就像2岁的孩子，你总是想尽办法哄他入睡，但等到他6岁的时候，他可能希望你不要打扰他睡觉。一个企业在发展中遇到的问题，在企业发展以后，已经不再是问题了。

经营者要解决经营问题，管理者要解决管理问题，销售者要解决销售问题，营销者自然必须解决营销问题。但为什么你的营销总是那么不实际？总是被经营者、管理者、尤其销售者称为纸上谈兵？为了营销而营销，是最空洞的营销。真正的营销必须是三维的，真正的营销必须同时兼顾经营、管理和销售三个方面。

销售在理论上的定义，就是以市场需求为中心，使产品和服务从生产领域向消费领域转化的过程。销售最直白的定义就是卖货收钱。在实践中，销售其实仅仅是营销三维动作中的一个动作，这个动作只干一件事：专业地促成交易。

德鲁克说："管理就是界定企业的使命，并激励和组织人力资源去实现这个使命。界定使命是企业家的任务，而激励与组织人力资源是领导力的范畴，二者的结合就是管理。"这就是德鲁克在理论层面对管理的定义。管理最直白的定义就是做自己认为对的事。管理真正要做的就是四个动作：计划、组织、领导和控制。很多人都在热烈地讨论管理与领导的区别，实际上唯一的区别就是，领导仅仅是管理的一个组成部分。管理其实也仅仅是营销三维动作中的一个动作，这个动作也只干一件事：团结一切可以团结的力量，一同完成目标。

所有优秀的销售导向企业的通病就是，他们认为把以上两个动作做到位就是营销了，其实只差了一点，但这一点足以致命，那就是经营。事实是，小企业都是靠经营发展成大企业的，小企业的销售和管理是瓶颈；大企业基本都是因为经营变成死企业的，经营反而成为了大企业的瓶颈。经营是对外的、扩张性的，追求的是利润，要积极进取，抓住机会，胆子要大。但企业一大，不是胆子小了白白错过机会，就是抓错了机会，一边扩张，一边眼睁睁地看着利润下滑。经营，顾名思义，就是"经济地运营"。"经济"，其内涵就是追求最大的投入产出比例；"运营"的内涵则是通过对经营对象的流动组合，来追求最大投入产出的优化组合。这两点有机地结合在一起，就是经营。它有别于管理，当然更不同于销售，它还有资本的运作在里面。经营什么呢？经营一切可以经营的资源！

　　我经常开玩笑说，经理就是经营加管理，那么销售经理自然就是经营加管理加销售了。我们在前面已经讲过，营销就是对经营和销售的管理！如果你认为这是绝对的，你其实又错了，因为营销必须做选择题。营销也可以是对经营和管理的销售，营销还可以是对管理和销售的经营，结论就是，营销是必须覆盖经营、管理、销售三个维度的动作。你可以选择任何一个作为重点，但不能缺失任何一个，这就是营销的核心价值链：经营＋管理＋销售。牢牢把握住这条核心价值链，就是从销售到营销的跨越的关键！

38.上游＋中游＋下游

　　很多企业被评价为表里不一，尤其是企业文化方面，被形象地称为"里外两层皮"。很多企业都很烦恼。这其实没什么，一个企业完全可以表里不一的，但必须层次分明！

　　成功的销售者是最鲜明的例子。他们通常都是表里不一，但他们对层次的把握是很分明的。代表上游厂家,还是代表下游商家?要不搞定客户,要不搞定老板,否则只能被老板和客户搞定自己!对于销售者来讲,只有不被两边搞定的人,才可以成为优秀的销售者。

每个销售者都在说,顾客正生活在选择的暴力之中,每个产品或者服务品类,都有如此众多的产品和品牌可以挑选,以至于超出了顾客心智的应付能力。所以近年来,还有一个与战略一样热门的词汇:定位。所有的企业几乎都在研究与定位相关的问题,但可惜的是,所有关于定位的研究都是关于企业的产品和服务在消费者层面的定位。换句话讲,所有的企业都在猜测或者想象着自己在消费者头脑中的定位。

我们经常重复这样的做人名言:走自己的路,让别人说去吧!这其实就是一个人的定位。但轮到一个企业的营销定位,我们就自乱阵脚了。其实在定位的层面,做企业如同做人。你是全世界最物美价廉的产品或者服务,也不可能所有消费者都购买你的产品。请记住购买和喜欢不是同一概念,就像你是全世界最美丽富有的女人,也不可能全世界的男人都非你不娶一样简单。定位不是去猜测或想象人家喜欢的模样来装扮自己,而是找到自己的位置和形象来团结一切可以团结的力量。

销售是个人的动作,但营销是一个组织的动作。营销的定位首先关心的,不是盲目猜测一个企业的产品和服务在消费者层面的定位,而是聚焦一个企业在整个行业中的定位。一个企业在一个行业中的定位,其实也是一个三维的选择,这三个选择就是,上游、中游和下游。如果一个企业认准了,自己是一个行业的上游、中游或者下游,是不是就等于找到了自己的定位呢?

市场营销是浩瀚无际的大海。时间+空间+精力,是市场营销的根本;企业营销是一朵小小的浪花,经营+管理+销售,是企业营销的基因。行业营销是奔流不息的小河,上游+中游+下游,是行业营销的核心。我们的营销都有一个通病，就是重视市场和企业，忽视行业。市场被比喻成一块蛋糕，大家都想多占一点；企业被形象地称为孩子，谁说你的企业不好，就像有人打自己的孩子一样，不能容忍；行业被看作老婆，大家都觉得别人的好，但又一定要接受自己的。

行业定位才是整个营销定位的核心。不是在一个行业中定位，而是准确定位你所在的行业。美国西南航空是最典型的例子。其他航空公司把自己定位为空中运输行业，竞争对手就是其他航空公司了，但西南航空把自己定位为运输行业，汽车、火车、轮船自然也成为了竞争对手。西南航空把飞机当作空中的公共汽车，不设所谓的头等舱，在西南航空公司的大多数市场上，它的票价甚至比城市之间的长途汽车票价还要便宜，它只是想让所有美国人明白，其实你可以不必开车，因为坐飞机更快、更省钱。

所有销售导向型的企业都是始终把自己定位为中游，就像那些优秀的销售者的口头禅一样，我就是一个中间人。这个观点足以造就一个优秀的销售者，但同样足以毁掉一个企业。因为营销就是不能做判断题，一定要做选择题，把自己定位在中游，根本就已经没有办法选择。营销与销售的区别就在于：每个销售动作，销售者都把自己定位为中游，但每个营销动作，营销者都在上游、中游和下游之间变换。行业最真实的定义是：竞争对手构成行业。竞争对手不停在变，整个行业的空间和结构也就不停在变，营销也必须在上游、中游和下游之间变换。做制造还是做流通，其实根本不是问题，你对整个行业有了深刻的认识，就能得心应手地在上游、中游、下游之间做选择！

39.深度＋中度＋浅度

很多人都在感叹：深度分销在中国走到尽头了！很多营销专家都在研究为什么，应该怎么办，但这个问题永远都没有办法解决。因为深度分销本来就是会走到尽头的，因为无论你花多少精力和资源，深度分销都只能是销售，而不是真正的营销。

所谓深度分销，有人也称之为通路精耕细作，是通过减少原有渠道层次，并增强中间商分销能力或通过企业自建渠道，扩大终端市场的覆盖面和占有量，并增强渠道控制能力，提高渠道忠诚度，从而提高顾客购买机率的一种销售模式。

营销与销售不同，营销是有向度的，也就是方向和尺度。上面三个小节都是研究方向的，我们现在来解决一下尺度的问题。销售者的习惯就是：用上游、中游和下游，来理解和运作分销的尺度，认为越深越好。最典型的理解就是，从工厂生产，到经销批发，再到终端零售，就是分销的深度。

所以深度分销追求的就是掌控渠道。何谓掌控？简单的理解就是：你说的话有人听，你倡导的事有人做！所谓的深度分销走到尽头，就是这样一种现象：人员越来越多、费用越来越高、利润越来越低的同时，渠道越来越不听话，自己倡导的事根本没人做，只好自己做。

掌控渠道不行，品牌理所当然地成为了企业唯一的救命稻草。销售导向的企业几乎都用品牌自救，但品牌在他们手中，也只能是一根稻草。他们仍然延续着掌控渠道的深度理论，他们甚至自豪地到处宣扬自己的品牌理论：企业创造品牌，流通领域打造品牌，消费者拥有品牌。你觉得很可笑吗？但这就是铁铮铮的事实，那些销售导向的企业就是这样想的，也是这样干的，所以品牌在这里，也同样会走到尽头。

上游、中游和下游，是一个企业在行业中的定位，不能总在上游拦坝，也不能总在中游修堤，更不能总在下游放水。一个行业就是一条价值链，上游还有上游，下游还有下游，中游不断上下。不断更深刻地认识一个行业的目的，就是不断选取整个价值链中最有价值的部分，作为自己的定位。

所谓营销深度，研究的其实是在你的营销定位，如何在具体的地域实现。行业定位与地域推广，本身就是两个截然不同的营销动作。销售者总想用一个动作解决两个领域的问题，结果就是，不断地变换动作，不断地走到尽头，并且乐此不疲地告慰自己：营销其实就是这么一回事，所以深陷在销售的泥潭里。销售者更像一个魔术师，必须不停地变出新花样，否则是打回原形。曾经一个年销售额过亿的董事长这样对我说："我真的不知道该怎么办，每年年初那些重要的客户都会打来电话：老总，今年又有什么新花样啊？"中国的大多数企业老总，就这样被逼迫着每年变出新的花样，更有趣的是，大家已经习以为常。

分销是一个具体的营销定位的不同地域推广，是一个关键的营销动作。当深度分销走到尽头的时候，很多营销专家都提倡用"深度营销"来代替"深度分销"；当"深度营销"也在分销领域走到尽头的时候，就又提倡"系统营销"。其实这些提法都没有错，关键是，根本就解决不了分销瓶颈！

作为一个营销动作，分销的目标不是掌控，而是速度和利润！简单地讲，不是你能控制多少渠道，而是你必须在最短的时间获得最大的投入产出。真正能实现掌控的，不是分销动作，而是营销组合，所以分销的尺度不是越深越好，而是根据速度和利润，深浅适度最好。分销的尺度是关键，把握住这个关键，分销问题就很简单了。分销也有三个维度，深度分销、中度分销和浅度分销。深度分销就是管理到终端,中度分销就是管理到二批,浅度分销就是管理到一级代理。你所要做的选择就是,哪里实施深度分销,哪里实施中度分销,哪里实施浅度分销。营销领域的分销就是要三度分销并进,选择的标准就是推广速度和利润产出。

40.点+线+面

以上四个小节,分析的是营销战略的三维动作。现在我们用两个小节来分析营销策略的三维动作。不过首先请大家记住,营销策略动作的前提,是营销战略动作已经做到位。至于到底是战略决定策略,还是策略决定战略的问题,我们都放心的留给那些理论大师吧!营销者真正的使命,是把每个战略和策略动作,每一次都扎实地做到位。

营销策略的唯一核心动作就是资源运用。营销动作的方向和尺度已经明确,战略动作就已经到位,同一方向同一深度的营销资源,到底如何分配和运用,就是营销策略动作永恒的主题。更简单地讲,所有营销策略动作都是为了解决一个问题:营销资源如何运用!对于任何一个具体的营销战略的落地执行,对于任何一个具体的市场的操盘,资源运用都是核心。这个动作也必须是三维的,这三个维度就是:树点、连线、结面。

树点:将优势资源集中于一点进行突破,是整个营销策略动作的第一个维度,也是每一个成功的营销策略动作的开始。

产品的研发和销售,市场的选择和拓展,客户的开发和维护,都必须踏踏实实地从这个维度开始。树点就是要树立榜样,因为榜样的力量是无穷的!必须集中资源,树立拳头产品,树立样板市场,树立榜样客户!如果你连一个榜样都树立不起来,你的资源肯定全都浪费掉了，而且你的营销策略也是注定失败的。市场营销就必须要首先打破资源分配的大锅饭，集中于一点突破。这里我们重点分析一下产品树点。所有成功的企业几乎都起源于一个畅销的产品，这是不争的事实。你算一算可口可乐为那款红色的包装投了多少广告费，就深刻理解什么叫集中资源了！而那些销售导向的企业，却每天开会讨论这样的问题："这个产品销量已经最大了，我们应该考虑给其他产品多做促销了。""这个产品已经这么多年了，大家都认识了，应该给其它产品多做广告。""我们签了一年的电视广告合约，应该每个季度更换一个产品做广告，这才公平！"你知道榜样是怎么死的吗？被平均主义和公平主义害死的！让你干得最多拿得最少你肯不肯？不肯！不肯为什么总是把最畅销的产品应得的资源切割掉？

连线：树立榜样，就是有了基础，接下来就是要把点连成线！

任何一个点的优势，是关键的，但也只能是暂时的。要持续榜样的无穷力量，就要学会连点成线，这是整个营销策略动作的第二个维度。连线就是统一联合，统一战线的历史功绩，大家有目共睹。营销也必须建立一个资源的统一战线。每个树起来的点都要统一联合，有了拳头产品，还必须形成主打系列；有了样板市场，还必须形成重点区域；有了榜样客户，还必须形成优势渠道。资源运用，不是简单的堆积和划拨，必须进行整合。如果只能树点，不能连线，说明你的资源利用效率低下，结果就是营销策略失败！这里我们重点分析一下客户连线。客户连线不是简单地画一张线路图，把临近的客户归纳成一条拜访线路，那是销售代表的工作。客户连线是要建立统一客户联盟。把客户当成工具，就肯定每个客户都不同，勺子是勺子，叉子是叉子；把客户当成资源，就一定要进行整合。连锁经营只不过是一种形式，关键就是必须建立不是连锁的连锁，任何一个客户碰到问题，你都能组织一个客户联盟去解决问题，实践证明这个联盟比任何企业的销售组织都强大，这就是真正的客户连线。

构面：树了点，连成了线，这其实还只是基础，只是开了一个好头。营销需要的是势头，开头很重要，但形成气势和气候更重要。要想有势头成气候，还必须构面。这就是整个营销策略动作的第三个维度。

构面就是构建网络。分散的点再多，连成的线再密，也不能称作网络。网络是一个有机的整体，网络在消耗资源的同时，更主要的是创造资源。网络最现实的意义就在于，网络是一个布局，这个布局不仅仅是对点和线的组合，更重要的是对点和线的取舍。树点是分配资源，连线是整合资源，构面是挖掘资源。这里我们重点讲一讲市场的构面。很多人都认为，市场布局是以需求为导向的，这其实很模糊。真正的市场营销布局，是以需求规模为导向的，根据需求规模的差异，市场的布局必须是动态的和相互呼应的。有一句话大家可以共同思考和领悟：你是中国的，你就不是世界的；所有世界的来到中国，就只能是中国的！

41. 你＋我＋他

营销策略的唯一核心动作就是资源运用。那么到底是谁在运用资源呢？答案是唯一的：是人！

几乎全世界的企业都提出了"以人为本"的想法，但所有这些想法，目前看来都是虚伪的。尊重人才、尊重所有员工就是"以人为本"，这就是现代管理对"以人为本"的理解；尊重客户、尊重所有消费者，这就是现代销售和所谓的营销对"以人为本"的解释。人其实也是有三个维度的，除了"你"和"我"两个维度以外，还有一个维度叫做"他"！你自己赢是独赢，你和我赢，那叫双赢，你和我还有他都赢，才是真正的共赢。真正的营销讲求的就是共赢的"以人为本"。检验营销水平的真实标准就是看你能把这个共赢的圈子做多大！这个世界上成功的投资者，都是营销大师，他们对共赢都有深刻而独到的见解，李嘉诚先生就是这个方面的经典案例。这个世界上的企业家，大多数对共赢的理解都停留在表面，共赢不仅仅是人脉，共赢是一种心态，所以这个世界上大多数的企业都不能真正去营销。

　　一直以来，管理者和销售者，对这个"共赢"都是嗤之以鼻的。管理者的信条是："对事不对人也好，对人不对事也好，我现在管的就是你和你做的事，你不要说他，他杀人你也去杀人吗？"销售者的理念是："不用管我，总之你要赢，我是为了你好！但是，他是不能赢的！开什么玩笑？他是竞争对手，他赢了，也许你没问题，我就肯定是输了！"很有道理不是吗？对于管理和销售也许是这样的，但如果你这样去做营销，等待你的只有失败，因为在缺少维度的情况下，越正确的东西，实际危害越大。这道理其实很简单：你为了和隔壁邻居搞好关系，打通了隔在两家之间的墙，结果不是楼上的住户掉下来，就是你们两家沉到楼下去，因为你们住的是楼房，除了旁边，上下都还有人。

　　营销停留在理论层面，你怎么讲都没关系，一旦营销要动作，这个动作就必须是三维的。从营销运作的角度，管理必须是三维的，企业和员工的共赢还缺少一个维度，就是顾客价值维度。企业必须与员工和顾客共赢，也就是通常讲的市场导向，这个管理者都能理解。只不过很多企业一谈以人为本，就不拿顾客当自己人了！说得更难听一点，根本就没把顾客当人，所以他们都说：顾客是上帝！

　　销售者无论如何也不能理解的是：怎么可能跟竞争对手共赢呢？

　　销售的目的是赢，销售赢的方法基本有两种，一种方法是欺骗消费者，这种方法是滋生假冒伪劣的根源，这是独赢的销售；另外一种

109

方法是打败竞争对手，这种方法是价格战和所有同质化的始作俑者，竞争对手跟我一样我就更便宜，跟我不一样我就模仿！这种赢的背后有一个潜台词：一定必须有人因为这个赢而输！

营销的目的也是赢，但营销赢的方法只有一种，获取最大的共赢！我们的企业很有意思，一提起竞争对手就咬牙切齿，一谈起行业又满怀激情，但事实前面已经讲过：行业就是由所有竞争对手组成的，你消灭了所有竞争对手，那也就不能算做一个行业了。如何与竞争对手"共生"是每个企业都必须面对的事实。中国有句俗话："一母生九子，九子各不同！"但我们现在的事实是：100个企业构成一个行业，99个企业看起来都差不多！大家不是尽量把别人搞"差"，就是把你自己搞得跟别人"差不多"，你能相信这叫营销吗？从共赢的营销心态出发，只有竞赛，没有竞争，根本就不存在什么对手。在营销中，别人得到的其实根本就不是你失去的，就算别人失去了也跟你的收获无关！

管理强调"管住你"，销售时刻"防着他"，营销的关键在于"我该怎么做"。有一个红衣主教的临终忏悔是这样的：二十岁的时候我想改变全人类，三十岁的时候我想改变我的国家，四十岁的时候我想改变我的团队，五十岁的时候我想改变我的家人，现在我只想改变我自己。改变自己，就是共赢的营销心态！创新对于营销的重要，目前已经成为了公认的事实，营销创新到底是什么呢？就是要首先改变自己，而不是去说服别人。

42.妙用无穷的第三者

你很讨厌第三者是吗？相信绝大多数人都赞同这个道德标准！但也有人持不同意见。分歧的关键就在于：到底谁才是第三者？是后来的那个是第三者？还是不再被爱的才是第三者？到底是先来后到是标准？还是能否被爱是标准？在男女交织的情感世界，这是人类永远的谜局！

尽管天若有情天亦老，但事实告诉我们，市场是无情的。面对无情的市场，你想真正地做好营销，就必须能够发现第三者。营销的每一个动作都是三维的，真正的营销，都是选择题而不是判断对错。没有第三者，你就等于没有选择，没有了选择，就是死路一条。从这个角度讲，营销从来不是一种发明，而是一种发现。不是你发明了新的技术和产品，而是你发现了新的需求和市场！

鹬蚌相争、渔翁得利的道理大家都知道，那为什么还总是咬住一个竞争对手不放呢？从赞许的角度讲，这叫自我的执着，执着于自己狭隘的心胸。事实的真相是，你没有营销的眼光，也没有营销的能力；你看不到营销的第三者，也就找不到营销的增长点。螳螂捕蝉，黄雀在后！你看不到黄雀，即使你真的吃了肥蝉，最后还是会成为黄雀的美餐，这就是市场。营销者不是鹬或者蚌，营销者是渔翁。每天忙得像救火队员，斗得像发怒的公鸡，你真的好意思说你做的事叫营销吗？从市场的角度解释第三者，那叫新的投资者进入或者新的投资对象出现。所以婚姻中的第三者被称为插足者，营销中的第三者被称为增长点。

营销者，诡道也！关键在于出其不意，与众不同。对于营销实战，孙子兵法不是理论，三十六计不是技巧，这些其实是案例。案例对于实践具有指导意义，但如果仅仅在案例中找差距，所有案例对你都没有实际意义。只有从案例中寻找差异，才是发现增长点的方法。

公元前 354 年，战国时期，魏惠王派大将庞涓包围了赵国都城邯郸。赵王求救于齐国，并许诺解围后以中山相赠。齐威王应允，令田忌为将，并启用从魏国救得的孙膑为军师领兵出发。田忌想直逼赵国邯郸，孙膑制止说："解乱丝结绳，不可以握拳去打；排解争斗，不能参与搏击。"意思是说，平息纠纷要抓住要害，乘虚取势，双方因受到制约才能自然分开。现在魏国精兵倾国而出，若我直攻魏国。那庞涓必回师解救，这样一来邯郸之围定会自解。我们再于中途伏击庞涓归路，其军必败。田忌依计而行，齐师大胜，赵国之围遂解，这便是历史上著名的围魏救赵的故事。

这个案例中有多少第三者呢？魏国与赵国之间，齐国是第三者；赵国与齐国之间，赠送的中山是第三者；孙膑不直接参战去围魏国，魏国又成了第三者！孙子兵法和三十六计，对于营销者来讲，就是最经典的发现第三者的案例。下面的三十六计，从发现第三者的角度去解读，相信大家都会有新的感悟！

瞒天过海	围魏救赵	借刀杀人	以逸待劳	趁火打劫	声东击西
无中生有	暗渡陈仓	隔岸观火	笑里藏刀	李代桃僵	顺手牵羊
打草惊蛇	借尸还魂	调虎离山	欲擒故纵	抛砖引玉	擒贼擒王
釜底抽薪	浑水摸鱼	金蝉脱壳	关门捉贼	远交近攻	假道伐虢
偷梁换柱	指桑骂槐	假痴不癫	上屋抽梯	树上开花	反客为主
美人计	空城计	反间计	苦肉计	连环计	走为上

从实战的角度讲，所有的营销动作，请记住是所有的营销动作，成功的秘诀只有一个：不断发现第三者！营销需要第三者！妙用无穷的第三者！

7

从征服到影响

看电视最重要的是什么？有人说是大而清晰的屏幕，有人说是好的节目，有人说是一定要有时间和心情。其实最关键是要先插上电源！电视的确是用来看的，好的电视机、好的电视台和好的心情确实都需要，但"电"排在"视"的前面，没有"电"根本没有办法享受任何"视"的乐趣！

做营销最重要的是什么？答案太多了：创新、责任、时机、利润、定位、模式、策划、品牌、速度、渠道、情报、客户、沟通、服务、质量、经验、市场、战略、细节、行动……其实最关键是经营的业绩！营销是用来做的，营销与销售肯定有关。销售最重要的是什么？从根本上讲不是产品也不是顾客，更不是价格和广告，最关键的是出售！只要能够不停地大量出售，你的销售就是成功的！但营销不同，"营"排在"销"的前面，没有经营业绩，你不停地大量销售也没用，反而可能陷入销售规模越大、经营利润越低的怪圈。

营销是一种实践，其唯一的权威就是经营业绩。经营业绩是一个组织的劳动成果，不是某个人的。营销是一轮群体的博弈，商业市场就是所有营销者的奥运会。跑步比速度，举重比重量，标枪比远度，跳高比高度，营销比经营业绩。

目前整个社会对于经营业绩的认识，其实还是十分模糊的。缺乏一个科学规范统一的衡量标准。每个企业都在填写经营业绩。很多媒体都在报道某某企业经营业绩良好，但如果让企业老总介绍一下企业的经营业绩，得到的多数都是一份企业简介。如果真正研究成功企业经营业绩衡量标准这个课题，绝对可以获得诺贝尔奖，因为企业是这个社会最伟大的发明。衡量企业经营业绩的真正标准都没有，实在是一个很大的遗憾。虽然目前大家推崇的平衡记分卡（BSC），似乎从财务层面、客户层面、内部运营层面、学习成长层面四个维度给出了暂时的答案，但离这个问题的真正解决，其实还有很大距离。理论上，我们只能暂且把这个遗憾留给未来的诺贝尔奖得主了。

从实践角度简单地讲，企业的短期经营业绩就是利润的最大化。企业长期的经营业绩就是价值的最大化。任何一个组织，创造短期经营业绩的方法有千万种，但创造长期经营业绩唯一的正确方法就是：创造和把握顾客价值——必须对自己的目标客户有非常深刻、独到的理解。

就算你是营销大师菲利普·科特勒，如果你对销售导向的企业说，他们根本不懂顾客价值，他们也会对你怒吼：你胡说！销售者当然也承认顾客的价值，不过可惜的是，他们把顾客价值落实在征服的基础上！能征服的顾客就有价值，不能征服的顾客都没有价值，这就是销售对顾客价值的理解！征服就是运用各种力量和手段使对方就范或折服，所以销售又被称为推销。不推不销，推得越大力，销得就越多，这就是销售的逻辑。

但营销必须直面的现实是：今天的顾客需求的价值与昨天的不同。同一时间不同顾客需求不同的价值，同一时间面对同一顾客，你的营销必须能够提供与众不同的价值。征服？你能征服多少？你能征服多久？

世界的销售史，就如同世界的战争史，是一场征服与被征服的战斗！世界的营销史，就如同世界的宗教史，是一轮影响与被影响的博弈，不能征服别人，就只能被别人征服，这就是残酷的销售。不能影响顾客，就老老实实地接受顾客的影响，这才是真正的营销。其实，整个人类已经和正在为征服别人的愚蠢想法付出惨痛的代价，因为事实证明，所有的征服都是暂时的。影响！影响！还是影响！除了影响，营销其实已经没有第二条路可以通行！影响，就是以间接或无形的方式来作用或改变人或事的行为、思想或性质。影响了行为，营销就改变了一件事；影响了思想，营销就改造了一个人；影响了性质，营销就颠覆了价值观。营销不是去征服别人，而是去影响顾客。如果只是征服，不能影响，营销就从来没有真正开始！

43.让顾客动起来

征服顾客就是让顾客听话，所以销售者总是强调控制顾客，害怕顾客不听话，害怕顾客力量的强大，顾客拥有了强大的力量，那就更难征服了。

影响顾客就是必须让顾客动起来，所以营销者总是强调顾客的感受和响应。对于营销，真的没有任何事情比顾客动起来更美妙了。

征服销售和销售征服的第一步，就是给予自己力量。销售中最关注的事情就是竞争，越是竞争你就越心虚，越害怕，因为你不但要打败对手，还要征服顾客。所以销售的第一课就是自信。无论这种自信已经多么盲目，销售者都必须不断把自信扩张，除了相信自己，销售者没有力量的来源。就算你已经是世界上最伟大的推销员，你还是会面对层出不穷的、无法打败的对手，和多如牛毛的、不能征服的顾客，不自信，你除了改行没别的选择。

营销恰恰相反，影响营销和营销影响的第一步，就是让顾客动起来。营销中最可怕的事情就是，顾客根本不动。你的产品比所有竞争对手的性价比都好，顾客说我不需要！你问顾客那你需要什么，顾客说除了钱什么都不缺！这很可笑吗？其实很可怕！所以营销的第一资源就是顾客力量。顾客没有力量购买也没有力量选择，顾客动不起来，你做的那件事也根本不是营销。

营销的真谛就是：始终把如何让顾客动起来放在第一位！让顾客动起来，首先就是要给予顾客力量。给予顾客力量，不是卖货不收钱，那叫慈善活动；也不是签定不平等条约，那叫慢性自杀！给顾客力量只需要付出两种普通但巨大的能量：信任和尊重！

何为信任？从正面来解释确实很难详尽描述。我们总是对别人说，我信任你，我不信任你，但到底什么才是信任，我们自己根本就说不清楚，因为那不过是一种感觉。信任从反面来讲却很实在，就是不怀疑。所以中国的语言就是博大精深，我们说信任，其实根本不代表不怀疑。

销售者总是想尽各种办法让顾客不怀疑。销售者总是主观坚定地认为已经取得了顾客的信任，但客观事实是顾客仍然会怀疑。给予顾客力量，强调的不是如何被动地取得顾客的信任，而是如何主动地去信任顾客。信任顾客是让顾客动起来的前提。是否信任顾客，其实与顾客无关，关键是你自己。信任顾客不是一个胆量问题，不是你敢不敢信任顾客的问题。信任顾客是一个技术问题，是你怎样去信任顾客的问题，信任顾客就是要让顾客自己做主。

何谓尊重？就是尊敬和重视！李嘉诚先生说："不为五斗米折腰的人，在哪里都有。你千万别伤害别人的尊严，尊严是非常脆弱的，经不起任何的伤害。"在销售的征服逻辑里，顾客根本没有尊严。对于营销，尊重顾客不是一句口号，更不是一种感觉，而是一种行动，一种能够让顾客真正动起来的行动。谁真正地最大限度地尊重了顾客，谁就能影响顾客！大家通常都认为关键是获得顾客忠诚度，这其实还是征服顾客的销售逻辑的变种。营销的关键不是请调查公司分析顾客对你的忠诚度，而是你做了多少尊重顾客的事。

"超女"模式为什么可以获得巨大的成功呢？因为顾客动起来，顾客的力量是最关键的成功因素。顾客为什么动起来了呢？其实最关键的就是，顾客成为了评委，顾客自己做主，顾客的选择可以影响最后的结果，顾客感觉到自己获得了信任和尊重，所以顾客动起来了。

只有信任和尊重才能真正给予顾客力量，当顾客拥有了力量，他们就会动起来！只要让顾客动起来了，营销就成功了一半！

44.文化是最基本的常识

目前营销界流行这样一种说法：三流营销卖产品，二流营销卖服务，一流营销卖思想。你认为对不对？

首先无论你认为对还是不对，你都上当了。因为我们前面讲过了，营销必须做选择题，营销的出路就在于找到第三者，营销者对于所有问题的标准答案就是：不一定！绝大多数销售者宁可说"不知道"，也绝对不肯说"不一定"，因为"不知道"可以理解为谦虚，"不一定"被认为没自信，销售者可以谦虚，但绝对不能没自信。但事实是，你不敢说"不一定"，你就永远没有办法开始营销。

其次，从表面上"产品"、"服务"、"思想"也是一个三维的选择题。问题的关键就在于，三者的焦点还是集中在"卖"这个层次上，一旦有这个焦点存在，就暴露了其销售逻辑的本质。为什么呢？因为没有文化。

产品有产品的文化，服务有服务的文化，思想本身就是一种文化。对于销售，也许有了产品、服务和思想已经足够，但对于营销，这还远远不够，因为营销不能没有文化。很多学者都在感叹社会的营销基础薄弱，缺乏规则和契约意识，其实营销真正薄弱的是文化这个环节。

其实文化营销和营销文化，早就已经不是什么新概念。营销的尴尬就是，找不到一个点把营销和文化有机地结合起来。提到文化营销，大家首先推崇的就是华特迪士尼公司。作为全球最大的娱乐公司之一，其2005年市值超过570亿美元。无论迪士尼公司涉足多少个行业，大家都知道那是"米老鼠"们的功劳，很多企业家做梦都想得到一个像"米老鼠"那样的摇钱树。大家认为只有迪士尼模式才是文化营销，这是销售者的逻辑中一个最不可饶恕的错误，其实对于营销，文化无处不在。

产品文化的成功，首推可口可乐。可口可乐风靡全球，真的是依靠无可替代的口感和秘密不宣的配方吗？可口可乐的三十条成功经验中，第十四条这样说：要入乡随俗。如果想在全球范围内推销产品，千万不要把自己打扮成"丑陋的美国人"。本世纪二十年代，当罗伯特·伍德鲁夫主管全球发展战略时，他努力使可口可乐在德国成为德国人喜爱的饮料，在法国成为法国人喜爱的饮料。入乡随俗，多基本的常识，但这就是文化，让可口可乐风靡全球的文化之一。

服务文化的成功，首推麦当劳。"更多选择，更多欢笑，尽在麦当劳"——麦当劳是全球最大的以汉堡包为主的速食公司。现在美国的每个州都建立了连锁店，在国外的业务迅速拓展到60个国家和地区，总计拥有连锁店1万多家，全世界每天光顾麦当劳的人数至少有1800万。麦当劳的汉堡口味绝对不是最好的，但麦当劳的服务带来了一种"汉堡文化"。麦当劳之所以能够形成一种潮流，就在于它本身就代表着快餐文化。快餐文化的核心在于卓越的服务，而不是满汉全席的丰盛。与其说麦当劳的成长过程是麦当劳用温情征服世界的过程，不如说是麦当劳用汉堡文化影响世界的过程。

思想文化的成功首推沃尔玛，创始人山姆·沃尔顿曾总结出其事业成功的"十大法则"：忠诚你的事业，与同仁建立合伙关系，激励你的同仁，凡事与同仁沟通，感激同仁对公司的贡献，成功要大力庆祝，失败亦保持乐观，倾听同仁的意见，超越顾客的期望，控制成本低于竞争对手，逆流而上，放弃传统观念。这"十大法则"中有七条与员工关系有关，由此可见沃尔玛把员工思想文化放到了多么重要的位置。

我们的产品没文化，我们的服务没文化，我们的思想是凌乱的，也是没文化。营销不但要求产品有文化、服务有文化、思想有文化，更强调这些文化的协调一致。请记住，不是相同一样而是协调一致。文化其实就是人类所创造的财富的总和，特指精神财富。文化与营销的结合是必然的，因为所有成功的营销都是常识的运用，文化恰恰就是人类社会最基本的常识。如果连最基本的常识都不能运用，那么你的营销对顾客产生不了真正影响！

45. 刺激是最佳的方法

销售导向的企业，不仅仅想征服他们的顾客，他们的征服，其实都是从征服员工开始的！"今天工作不努力，明天努力找工作！""没有不好的市场，只有不好的销售人员！""不换脑筋就换人！"这样赤裸裸的征服口号,随处可见。"让产品永远畅销的方法就是保持产品的供不应求!""提高工作效率的最佳方法就是保持人手紧张!"这样的征服逻辑,被奉为真理。

就连可口可乐的成功经验中,都有这样一条:要威吓雇员。这句话听起来有点过分,但可口可乐的历任总裁都赞成相互尊敬和敬畏的气氛。沃斯丁说:"焦虑和紧张的气氛会使人最大限度地发挥其潜力。"伍德鲁夫的"老板"一词含有敬畏和尊崇之意。今天的高祖特是个追求十全十美的人,因此,在他面前谁都会提心吊胆。

我曾经做过这样一个测验。我指着一把普通的椅子说:"谁能把他举起来?"大家都争先恐后地去举,每个人都可以完成。我说:"谁能把它举10分钟?"只有三个人来尝试,结果那个胜出的人似乎也很不开心。我说:"谁能把它举一个小时?"每个人都看着我,但没有人来试。其实过度的压力,不是单次的压力有多大,而是一个普通的压力它持续了多久!过度的工作压力是造成高血压、心悸,工作满意度下降、烦躁、焦虑、忧愁,以及工作效率降低、合作性差、缺勤、频繁跳槽等等各种反应的真正根源。

点滴的文化汇集在一起之后,就形成了一个环境。简单地讲,你拥有怎样的环境,你就拥有怎样的文化,个人是这样,企业是这样,营销也是这样。前面讲过,人的正确思维从哪里来呢?从环境中来!营销需要影响的就是这个环境,而不是一对一去征服这个环境中的每个人。按照征服每个人的逻辑继续下去,整个环境只能越来越糟糕!

威吓也许是征服的方法之一,但影响最佳的方法是刺激。刺激不是制造紧张,刺激也不是施加压力,刺激是外界事物作用于生物体,使事物产生积极的变化。营销影响环境的真正目的,是要带来积极的变化,而不是通过制造紧张和施加压力来威吓员工。

有一个关于刺激的故事与大家分享：挪威人爱吃沙丁鱼，但是当渔民将捕捞的沙丁鱼运回渔港时，发现大多数的沙丁鱼已经死了，死鱼卖不上价，怎么办呢？聪明的渔民想出了一个办法，那就是将沙丁鱼的天敌——鲶鱼与沙丁鱼放在一起。每当渔民出海捕鱼时，总先准备几条活跃的鲶鱼，一旦把捕获的沙丁鱼放入水槽后，便把鲶鱼也放入水槽。鲶鱼因其活力而四处游动，偶尔追杀沙丁鱼。沙丁鱼呢，则因发现异己分子而自然紧张，四处逃窜，把整槽鱼扰得上下浮动，也使水面不断波动，从而氧气充分。如此这般，就能保证沙丁鱼活蹦乱跳地运进渔港。这一现象被称为"鲶鱼效应"，也被称为"非同类刺激"。

鲶鱼是一种刺激，培训中举一下椅子也是一种刺激。美国营销大师爱玛·赫伊拉曾说："不要卖牛排，要卖煎牛排的滋滋声。"滋滋声也是一种刺激。颜色是视觉的刺激，声音是听觉的刺激，味道是味觉的刺激，手感是触觉的刺激，感受是体验的刺激，刺激在你的营销中，无处不在。刺激能够带来积极的影响，你何必再去固执的制造紧张和施加压力呢？我奉劝所有营销导向的企业，在这一点上不要学可口可乐；去刺激你的员工和顾客，而不是去威吓他们，因为影响的最佳方式是刺激。

46.快乐贯穿始终

销售的逻辑始终关心忠诚：顾客是否忠诚，员工是否忠诚；营销的逻辑关注快乐：顾客是否快乐，员工是否快乐。

谈到快乐，销售者想到的首先是钱，最经典的台词是："没钱哪有快乐？"研究表明，人们的快乐指数随着其收入水平的提高而上升。比如，以不同地区和不同文化分割，北欧国家的收入最高，它的快乐指数也最高；其次分别是几个英语国家，美国、英国、澳大利亚和爱尔兰；再有就是印度支那地区、非洲；可是非洲并非排在最后的国家，排在后面的还有南欧和西欧（法国、意大利和西班牙）；最后一个阵营是东亚（包括高收入国家的日本、韩国和中国）。总体而言，在收入水平非常低的时候，收入与快乐之间关联度更为紧密。但尽管如此，在影响个人快乐的所有变数当中，收入决定快乐的比重仍不超过2%。在同一个国家里，钱多快乐多这种正比关系会逐渐地消失。比如，从1940年到1998年，美国的人均收入翻了近4倍，然而感觉到快乐的人占总人口的比率平均都维持在30%上下，且没有表现出任何上升的趋势；而在日本，1958～1988年间人均收入增加了5倍还多，可是平均快乐人口比率是59%，也没有上升趋势。事实上，在富有和快乐之间，如果存在任何因果关系的话，似乎也是快乐带来经济增长，而不会相反。

快乐其实很简单，包含两个层面的意思，首先是满不满意，其次是高不高兴。"见到你我很高兴"并不代表我满意；"你的服务我很满意"也并不代表我高兴，这都不是真正的快乐。真正的快乐包含满意和高兴两层意思。快乐很难衡量，也难以做比较，个人快乐与否完全依赖于自我感受。但营销者必须明确的是，快乐才是人类生活的终极目标，快乐贯穿营销的始终。

营销者首先必须是快乐的。中国7000多万营销者每年淘汰率高达25%。营销需要业绩，需要激情，但更需要快乐。没有快乐的营销者，基本就等于没有业绩和激情的营销者。对于营销者，快乐是从心灵深处才能打开的一扇门，你自己不想快乐，没有任何人帮得了你。营销者快乐的基因只有一个，你自己喜欢营销，你为影响别人而快乐，你因为营销而快乐。把自己无法获得快乐的营销继续下去，味同嚼蜡，是世界上最伟大的浪费之一。

顾客必须是快乐的。美国就业增长率最高的城市不是纽约，也不是芝加哥，而是赌城拉斯维加斯。在这里，既没有轰隆作响的工业，也没有一掷千金的金融业，甚至也没有如日中天的IT业，有的只是娱乐业，娱乐给人快乐。依靠"超女"红遍2005年的蒙牛正力图进一步扩大自己的领先优势，蒙牛的这次噱头是，打算联合央视做秀，在全国58个城市家庭范围内寻找"玉树临风的爸爸、冰雪聪明的妈妈、鬼灵精怪的小宝贝、漂亮的表姐、幽默的表哥、七大姑八大姨……"。他们在寻找什么呢？他们在寻找快乐！快乐对于顾客，就是一个舞台，一个让顾客自己跳舞的舞台。

员工必须是快乐的。你管理过每天愁眉苦脸的员工吗？如果有，那么你能工作到现在，真是一个奇迹，因为员工也是你营销的对象，他们同样需要快乐。你也许会相信奇迹，但你千万不要认为，一群郁闷的员工可以为你带来快乐的顾客。快乐对于员工，其实是一个氛围，一个与众不同的氛围。你永远找不到最优秀的员工，但你能找到最适合的员工，适合什么呢？适合那个氛围，一个让员工快乐的氛围。

从快乐的角度讲，对于销售导向的企业，从销售到营销的跨越最基本的条件就是，拥有一个空杯的心态。一个杯子里面已经装了半杯啤酒，你怎样才能让这个杯子里装满纯净水呢？无论你把啤酒喝掉还是倒掉，总之杯子空了以后，才能真正装进新的东西。你总是想着顾客忠不忠诚，员工忠不忠诚，抱着那销售的半杯啤酒不放，你就永远没有快乐，营销的大门也会始终对你紧闭！

47. 士气压倒一切

自己应该快乐，顾客应该快乐，其实很少有人反对，就算反对也不敢直接说出来。但很多人都公开质疑员工应该快乐的营销方式，他们的疑问是：快乐的员工真的就能产生高的绩效和好的业绩吗？

营销者的回答仍然是不一定！确实对于销售来讲，最快乐的员工不一定是业绩最好的那个，但营销是一项组织运动，最终要的是组织业绩，而不是某个人的，这与销售推崇的能人机制有天壤之别。一个快乐的员工不一定带来好业绩，但一群快乐的员工就一定会创造好的组织业绩，因为一群快乐的员工聚在一起为一个目标工作的时候，能产生压倒一切的士气！

对于一个营销组织来讲，士气至高无上！这不是说一个组织的营销有了士气，就一定会赢，而是说一个组织的营销没有士气，就肯定会败。士气是一个组织的意志，一个组织的精神，一个组织的气势，一个组织的作风。著名军事家拿破仑有句名言：军队的战斗力的四分之三是由士气组成的。所有经历过失败的企业家都感叹："企业里没有任何东西比员工的士气更重要！"因为他们经历过当一个组织不能"一鼓作气"获得胜利时，"再而衰"的无奈和"三而竭"的失落！可惜的是，我们总是在士气泄尽、失败已定的时候，才猛然悔悟：原来士气真的是可鼓而不可泄的！

士气是不会从天空上自己掉下来的，鼓舞和激励士气是一个营销组织的最基本工作，就像会议和培训一样。所有的营销组织都必须重新审视自己类似培训和会议这样的最基本工作。会议不仅仅是用来解决问题的，培训也不仅仅是用来传播知识和理念的，他们更重要的目的是鼓舞和激励士气的。你的会议解决了问题，你的培训传播了知识，但如果降低了士气，你的营销就注定要失败。

48.纪律整合思想

这个世界上绝大多数企业，内心深处其实都认为自己拥有卓越的执行力，尤其是所谓的领导者和管理层。执行不就是做事吗？连做事都不行，还谈什么领导和管理？他们接受了士气压倒一切的理念，做的第一件事就是扔掉"今天工作不努力，明天努力找工作"的条幅，换上了新的标语："快乐在工作中"、"企业是我家，发展靠大家。"整个组织的士气大有改善。他们这个时候也许会说，赵一洋这家伙还真有一套！但他们真实的想法是：看我的执行力多强，想到立即做到！这种现象可以说是最普遍的组织虚弱的症状。组织虚弱症的最典型的症状就是，总觉得别人有一套，就是提炼不出来自己的一套；总是希望靠随处得来的某些灵感来一步到位。他们的理由甚至十分强硬：竞争对手都做了，我不这样做行吗？你别管我听没听懂，我觉得有道理就做，今天做错了没关系，我明天就能改过来。做到了错死，也比做不到等死好。这就是他们对执行力的理解。对于虚弱的组织来讲，唯一不变的就是变化。这种组织也许表面看起来很潇洒，但从来就没有一点自己的东西能沉淀下来，总是在破坏中重复建设，你说这是强大还是虚弱？仔细观察一下那些销售导向的企业，这就是他们的写真！

曾经有一句话，令所有的职业经理人心寒：对于企业，所有职业经理人的名字，都像写在白板上的字迹，轻轻地一擦，就不复存在。这句话的刺激下，曾经导致了无数的跳槽和分拆事件，但也正是这句话表达的深刻含义，推动了整个职业经理人的职业进化。自我退后，才是真正的职业化。要想成就一个成功的企业，一个杰出的组织，就必须把所有人的名字放在这个企业和组织的名字后面。列宁说："战争就是战争，它要求铁的纪律。"营销也是一样，营销是一个组织的

125

活动，所以在营销中，组织就是组织，必须要求铁的纪律。

我们通常是这样说的：通用的韦尔奇，海尔的张瑞敏。如果反过来说：韦尔奇的通用，张瑞敏的海尔，那意义就截然不同了。事实是，对于商业，所有企业的名字，也都像写在白板上的字迹，轻轻地一擦，就不复存在。一个组织中的人，越是想突出自己，那个组织消亡得就越快，所以一个组织的纪律，对每一个成员都是平等的，无论你在这个组织处在怎样的位置。简单地讲就是，一个组织的行动和思想都必须有纪律。完成销售的征服，对于一个组织，也许有纪律的行动就已经足够了，但要想完成营销的影响，思想必须有纪律。

一个组织的文化，很可能就是某个领袖的文化，所以我们的企业总是说：企业文化就是老板文化。在美国西点军校，有一个历史悠久的传统，学员遇到军官问话时，只能有四种回答："报告长官，是"、"报告长官，不是"、"报告长官，不知道"、"报告长官，没有任何借口"。除此以外，不能多说一个字。很多组织对此羡慕不已，他们太喜欢别人没有任何借口了，于是就又开始借助这个灵感立即执行。其实这个案例真正要告诉我们的是，你的组织成员是否有借口其实并不重要，关键是每个组织都应该有几条百年不移的纪律。

有纪律的思想，对组织的成员是一种挑战，首先就是能人机制受到挑战。销售导向的组织，最习惯的思想，就是去寻找和培育世界上最伟大的推销员。有纪律的思想，对于组织的领导者，尤其是最高领导者，更是一道门槛。一个组织的思想，通常都是这些人发明和控制的，他们更热衷于征服，但他们必须学会的是影响。有纪律的思想，对于整个组织是一场变革。文化也许会随时代和发展而变化，但你真正需要铸造的是，像佛教的素食和禁欲、基督教的祈祷和礼拜、西点军校的没有任何借口一样的组织纪律！

组织纪律性对于"个体"来说就是"不自由"。一个组织真正能沉淀和传承的是什么呢？绝对不是那若有若无的文化，而是实实在在的纪律。思想意识是高度差异化的，社会上是这样，组织内部也是一样，唯有铁的纪律才能把这些差异的思想整合起来。如果你觉得这很难接受，你仍然推崇文化，那么你就把纪律看成文化中最特殊的一个部分——文化中必须沉淀传承下来的组织基因。

49.合作成就未来

营销的致命伤，就是与时代脱节。我们把这个环节称为营销的脊梁。一旦营销与时代脱节，就等于一个人的脊梁断了。时代对于营销其实特别优待，只要营销不拒绝时代，时代就不会拒绝营销。沉迷于不断地销售，最难的就是保持清醒。如果你还能够保持清醒，我必须提醒你，为了征服而苦心经营的销售阵地已经守不住了；以"影响"为片名的营销历史剧已经拉开帷幕，导演是时代，领衔主演是合作。

英特尔公司董事长格鲁夫曾断言：华人对于财富有着一种与生俱来的创造力，但对于组织的运作似乎缺乏足够的热情和关注。李嘉诚先生说：有钱大家赚，利润大家分享，这样才有人愿意合作。假如自己拿10%的股份是公正的话，拿11%也可以，但是如果只拿9%的股份，就会财源滚滚来。

虽然角度不同，但他们两位说的其实是一个问题——合作！合作就是二人或多人一起工作以达到共同目的。无论你以前是否关注合作，无论你是否喜欢合作，只要你生活在有其他人和组织存在的社会里，从出生到死亡，你就没有任何一天离开过合作。生病了你必须与医生合作，打官司要与律师合作，合作其实就是如此简单和必要。我们可以在这里断言，合作是销售的死穴，因为销售过分强调竞争；合作是现代营销的起点，合作是未来营销的趋势。

全世界的销售者和销售导向的企业，为了逃避合作，已经付出了惨痛的代价，而且各个筋疲力尽。企业为了不跟科研机构合作，自建研究中心；科研机构为了不跟企业合作，自建企业；制造企业为了不跟流通企业合作，自建渠道；流通企业为了不跟制造企业合作，自建工厂。就算你真的有无穷的资源，但你根本就没有时间了。仅就产品而言，产品的更新换代太快了，信息技术产业的产品生命周期，70年代平均为8年，80年代则缩短为不足2年，现在呢？你刚研究成功，就可以直接放进历史博物馆了；你刚生产出来，渠道就饱和了；你刚摆上货架，消费者家里都淘汰了！如果你还不能清醒，就看看下面的事实吧，在你忙于坚苦卓绝的斗争的时候，合作已经全面展开：

日本的三菱公司与奔驰公司在汽车、宇航、集成电路等方面建立了合作关系，以期在欧洲统一大市场形成之前，抢先进入欧洲。作为回报，三菱公司帮助奔驰公司在日本建立起了汽车营销网。

在1990年，IBM公司与西门子公司结成联盟，共同开发64兆位芯片。1992年初，日本东芝电器公司也加入这联盟，三家联手开发256兆超微芯片，以求加快速度降低风险。

为了与美国波音公司和麦道公司竞争，欧洲空中客车公司把欧洲各国制造飞机的智慧和优势结合在一起。A300和A310宽体飞机在法国总装，德国负责生产机身，英国负责生产机翼，西班牙负责主产尾翼等，从而发挥广各自的优势，增加联盟的竞争力。

福特——马自达的成功结盟，即是利用双方擅长的不同价值活动。福特长于国际营销、财务，马自达则在技术及发展研究上拥有雄厚的实力，改方各取所需，各尽其职。

Intel 公司宣布，只要下游电脑厂商能在他们的广告中和产品上加上"Intel Inside"的标识，Intel 公司将支付其部分的广告费用。此合作广告政策一经宣布，Intel 公司的 386 和 486 芯片迅速占领市场。公司在支付一定合作广告费用的同时，也获得了销售额和利润的成倍增长。

索尼和爱立信在手机业务上建立了全面合作的战略联盟关系，并且投资 4000 万欧元组建了索尼爱立信公司，由此诞生了"索尼爱立信"手机。两家公司的手机品牌进行了全面融合，为消费者创造全新的附加价值。

从 2003 年 11 月开始，全国 560 多家麦当劳店挂出"动感地带"的牌子。麦当劳目前的"我就喜欢"的主题和中国移动打造的动感地带"我的地盘听我的"的品牌主张有着异曲同工之处，因此双方合作的口号就是——"我的地盘，我喜欢！"

2004 年国内生产食用油知名企业嘉里粮油公司，和制造炊具的著名企业苏泊尔公司正式开展两大知名品牌——金龙鱼和苏泊尔的联合推广活动，此次联合品牌营销的主题是"好锅 好油 健康美食"。

2004 年岁末，格兰仕与 10 家不同行业领域的企业在广州签署了营销合作协议，双方在宣传和经营渠道上达成了共享原则，合作各方希望通过销售渠道的共享，来节约经营成本和扩大产品的销售规模。

美国联邦快递公司在广州宣布，将与柯达公司建立合作性伙伴关系，通过柯达公司的在中国的数千个营业网点，联邦快递成为首家通过零售网点设立投递服务的国际快递公司。

广东金芦荟贸易有限公司在 2004 年新推出了一种保健食品"双清"咽喉含片，在进入湖北市场时与在湖北省颇有影响力的报纸媒体《楚天都市报》签订了合作协议：《楚天都市报》拿出一定的报纸版面来刊登保健食品"双清"咽喉含片的广告，但不收取广告费用，而是按保健食品"双清"咽喉含片的销售额进行比例提成。

对于营销来讲，你仍然固执地竞争，你就根本没有未来！如果营销领域真的有所谓的广阔的蓝海，那么所有的蓝海都将是合作造就的。合作打开的是一个全新的领域。人与人之间要合作，人与团队之间要合作，团队之间要合作，团队与组织之间要合作，组织与组织之间更需要合作。不管你多么精通竞争，现在你还不懂得如何去更大范围的合作，时代就肯定把你抛在脑后。合作，只有合作才能成就营销的未来！

篇尾寄语

拥有自己的模式

　　我经常问企业的营销主管："你多久没有下市场了？"答案是他们每个月都下市场，而且大部分是自己开车去的，他们对自己的市场如数家珍。我接着问，他们多久没有坐过公交车和地铁了。他们几乎都已经久违了这些公共交通工具。其实真正的营销者，从来不会一头钻进自己编制的网络里，那只是一个小小的盒子，早晚要碰壁的。营销者必须钻出销售的盒子，最起码要把头伸出来，否则永远难成正果。我到一个新的城市，通常都一定要先去坐一下公交车，我一向认为这种体验，胜过100份调查问卷！所以每当我站在那些城市豪华的讲台上，总会告诉台下的听众：我们是做营销的，最大的忌讳就是远离人群，因为营销从来不是一门出世的学问，营销是一个入世的活动！

　　营销者各式各样，但最重要是必须有自己的一套。你不用幻想别人都认同你这一套，更不用害怕别人质疑甚至诋毁你这一套，因为那本来就是所有成功人士，必须面对的基本待遇。事实上，没有自己的一套，你就不可能成为一个真正的营销者。

这一套就是你自己的模式，模式就是一些基本的理念加方法。不同模式之间有互通，也有对立，但这个模式必须是你自己原创的，或者是你这个企业独有的。销售的手段就是比别人做的更好，但营销的方法就是要与别人不同。只有拥有自己的模式，你的营销才算走上正轨。

营销这个概念进入中国28年了，在这里，我们要结束西方市场营销的启蒙，开始自己的营销革命！不管中国的营销者有没有准备好，营销者时代已经来临！

营销者不但要用别人的知识指导营销；更要把自己的营销转化成知识！是男人就要亮剑，是营销者就要"亮见"——亮出自己的主张。这样才能影响，这样才能营销。中国企业的营销要拥有自己的模式，才能真正实现从制造到创造的跨越！世界500强想在中国市场立足，也必须立足中国，找到自己的营销主张，这个时代其实就是这样演进的。

下面将我个人的主张与大家分享，希望抛砖引玉，启发每个营销者，亮出自己的主张，锤炼自己的套路，拥有自己的模式！

营销者"八亮"

亮出你的生命：营销者从来不敢偷懒！

亮出你的智慧：营销的第一智慧就是选择，选得准永远比做的好重要！

亮出你的功利：你没有赢利模式，利润从天上掉下来，落到你头上也是负的！

亮出你的凶狠：做市场要凶，对自己要狠！

亮出你的速度：做一个脑袋和手短路的人，脑袋想到了，手就做出来了！

亮出你的聪明：没有任何一个营销者是累死的！

亮出你的方法：唯一不变的是变化！

亮出你的主张：顾客都是普通人，所有的成功营销都是常识的运用！

营销"三十六见"

世界上没有最伟大的营销者，只有更伟大的营销者！

你的力量只有两种，脑力跟不上，就必须用体力补上！

营销真正的厄运从营销者的抱怨开始！

营销者的性格就是随时准备翻脸！

营销者最不平凡的是营销者的胸襟！

千万要相信专业，万万不能迷信专家，营销者时代娱乐大于专家！

营销中最公平的东西是时间，你投入的多收获的肯定就多。

文凭在营销一开始就不会继续帮助你！

赚钱对于营销无处无时不在！

营销中你排斥谁，谁就排斥你。

营销所有的意外都是准备不足的借口。

营销的谨慎是为了扩张，不是为了退缩！

营销者的犹豫不是冷静，是毁灭机会！

商界只考验营销者的一种东西，你还要不要信誉！

人，才是营销中最宝贵的资源。

营销是一种比快而不比早的运动。

营销结果取决于有多少人肯帮你!

忠诚客户就是那些按你的思路做事的人。

营销最大的学问就是人情世故。

营销是想尽办法都要让客户来找你的赚钱方式。

销售手段永远也解决不了销售自身的问题!

营销是通过一群人影响另一群人的游戏。

营销者要时刻提醒自己,别人比你更看重利益。

不少人都喜欢跟貌似傻瓜的人做生意。

营销者监守所有承诺的同时还要想办法让人喜欢。

无论是谁,他能在私下里告诉你错误在哪里,他就是朋友。

营销的行为准则是低调!

团队是营销的加速器,惟有它才可以使你更成功!

惟有创新才能证明你尚未退步。

记住,竞争是营销者跟你最重视的人玩的游戏。

营销者从一开始就必须参加勤和忍的比赛。

竞争对手的攻击是对你产生恐惧后的自然反应。

营销者是应该骄傲的,但这种骄傲必须埋的很深才能发光。

选市场就像选房子,选不好,再好的别墅你也会失眠。

选客户就像选老婆,选不好,你对她再好,她还是会和别人跑。

聪明的营销者凡事都能看出长处和短处。